NATIONAL
GEOGRAPHIC

美国国家地理全球史

古埃及的终结

The End of Ancient Egypt

美国国家地理学会 编著　　李青芝 译

中国出版集团 现代出版社

目 录

插图（第2页） 第二十一王朝法老普苏森尼斯一世的黄金面具。用于保护头部，被发现于塔尼斯帝王墓葬群（开罗埃及博物馆）普苏森尼斯一世的墓中。

插图（第4—5页） 菲莱岛伊西斯[1]神庙第一道塔门，因修筑阿斯旺水坝已搬移至阿基勒基亚岛。

插图（第6页） 位于埃德福的荷鲁斯[2]神庙的塔门细节图。哈托尔[3]女神佩戴秃鹫头饰。

[1] 古埃及神话中掌管生命、魔法、婚姻和生育的女神。——译者注

[2] 古埃及神话中法老的守护神，王权的象征，也是复仇之神。传说他是奥西里斯和伊西斯的儿子。——译者注

[3] 古埃及神话中爱与美之神、富裕之神、舞蹈之神、音乐之神，同时也是母亲和儿童的保护神。——译者注

概　述

无与伦比的丰功伟绩呀！古埃及历史上不同的帝国和中间期并没有导致传统和宗教信仰的彻底断裂。即便是在以法老和阿蒙祭司的权力斗争为时代主旋律的阿马尔纳时期，人们对祖先神灵的信仰也未被摧毁。古埃及历史恰似尼罗河水，湍流激荡却百折不挠地奔腾入海。随着拉美西斯王朝最后一位法老的逝世，境况发生了变化……事实上，一连串的事件已破坏了上下埃及的千年文明。埃及文明断裂了：外族入侵埃及，改变了埃及的传统习俗。祈祷虽然还在继续，但那是与用另一种语言向其他神灵所做的祈祷混杂在一起的。这种传统和宗教信仰的断裂使得众多历史学家把新王国时期当作古埃及终结的象征。如果我们只将艺术作为这一时期埃及历史的主要内容和参考依据，那这一结论似乎是合乎逻辑的。由此推论，第三中间期和罗马统治时期的遗迹似乎不再属于埃及历史。但这样要描述埃及某段资料缺失或前后矛盾的历史就会变得捉襟见肘。我们只有从其他角度进行不偏不倚的分析，才能发现并完善历史叙事的要素。除波斯人之外，侵占埃及的外族人都觊觎埃及得天独厚的环境，同时深受埃及影响。在利比亚人治下日渐式微的宗教又在虔诚的努比亚国王手中得到恢复。之后不久，随着亚述人的入侵，塞易斯时代的法老们开始挖掘宗教古老的价值。希腊人和罗马人都未曾沿袭埃及的宗教习俗，不过，他们还是把埃及众神接进了万神殿，除了亚历山大港，其他地方神庙的建造依然遵循海普之子阿蒙霍特普（Aménophis，fils de Hapou）这位来自久远的第十八王朝的建筑师的理念。古埃及虽已辉煌不再，却依然拥有无穷的魅力，直到埃及艳后克利奥帕特拉七世（Cléopâtre，也译为克娄巴特拉）香消玉殒。

插图（第8—9页） 底比斯塔西亚克赫珀石棺上努特[4]女神细节图（考古博物馆，博洛尼亚）。

插图（第10页） 阿普里伊国王头像。这位第二十六王朝的国王头戴蓝色礼仪王冠（罗浮宫博物馆，巴黎）。

[4] 古埃及神话中的天空女神，众星辰之母，天空的拟人化。——译者注

皮努杰姆一世立像

最初的主人可能是拉美西斯二世，后被阿蒙大祭司侵占。雕像位于卡纳克阿蒙神庙的第一座院落内。

第 13 页 护身符埃及乌加眼，又称荷鲁斯之眼（私人藏品）。

法老和大祭司

自遥远的第十八王朝之初起，尤其是图特摩斯三世（Thoutmôsis Ⅲ）授予阿蒙僧侣特权后，作为王权潜在的政治威胁且拥有重大影响力的底比斯大祭司出现了。急剧壮大的宗教势力开始干涉国家政务，新王国时期结束，也预示着第三中间期的到来。

第二十王朝最后一位法老拉美西斯十一世（Ramès Ⅺ）的长期执政给君主制带来了灾难性的后果。年迈的拉美西斯十一世逐渐扩大了阿蒙第一先知——赫里霍尔（Hérihor）的权力和影响力。这位得到君主盲目信任的野心家窥伺到了在上下埃及掌握绝对权力的可能性。他利用拉美西斯十一世的弱点，史无前例地青云直上。在法老治下的第十九年，赫里霍尔身兼数职，既是首辅大臣维齐尔，又是上埃及的军队统帅和努比亚总督，总督职权包括当时仍由总督帕内赫西（Panéhésy）掌管的库什特领地的军队指挥权。据资料来看，争夺军权的冲突使帕内赫西恢复

第二十一王朝的法老们

公元前 1069 年—公元前 1043 年

斯门德斯一世（Smendès Ier）

他从法老拉美西斯十一世的维齐尔摇身一变成了第二十一王朝的第一位法老，定都塔尼斯。

公元前 1043 年—公元前 1039 年

阿蒙涅姆尼苏（Amenemnesout）

人们唯一知道的是他因反抗底比斯阿蒙大祭司而结束了统治。

公元前 1039 年—公元前 991 年

普苏森尼斯一世（Psousennès Ier）

塔尼斯阿蒙神庙的缔造者，承认其底比斯的血统。

公元前 993 年—公元前 984 年

阿蒙尼莫普（Aménémopé）

同其父共同理政，也是阿蒙大祭司。

公元前 984 年—公元前 978 年

长者奥索尔孔（Osorkon l'Ancien）

他是身具利比亚血统的第一位法老，同第二十二王朝的法老结亲。

公元前 978 年—公元前 959 年

西阿蒙（Siamon）

他在位期间，在下埃及和底比斯神庙大兴土木。

公元前 959 年—公元前 945 年

普苏森尼斯二世

第二十一王朝的最后一位法老，底比斯阿蒙大祭司皮努杰姆二世的儿子。

底比斯：阿蒙祭司们权力所在地

如果说行政首都位于尼罗河三角洲的话，那么宗教首都则在底比斯，底比斯通过阿蒙大祭司对国家事务发挥重大影响。

第三中间期时期，那些敬奉阿蒙神的重要神庙仍然矗立在尼罗河河岸旁的这座城市里。阿蒙大祭司也长居于此。❶ **卡纳克神庙**和❷ **卢克索神庙**通过一条长两公里的❸ **祭祀神道**连接，祭拜阿蒙神既是宗教活动的重中之重，也是政治决策和军事决策的重要环节。为此当时有很大影响力的高等大祭司既是军队的统帅，又负责组织在底比斯城建造的神示所（Audience Divine）中举办节日活动，以表示对法老所采取的重大行政决策的认可。理论上阿蒙大祭司由君主任命，然而事实上这一时期是世袭的，这恰恰佐证了双重统治的存在：一个在三角洲，一个在上埃及的底比斯。

了自由，努比亚地区也因此脱离了埃及的统治。但是赫里霍尔看起来对此并不担心，他行使宗教权威和军事权力，以维齐尔的身份掌管了几乎全部的民事和司法权力。他的雄心壮志还远不止此。拉美西斯十一世执政的第十九年——一个新的历史时期正在开启，人们称之为“复兴时代”，这可能要归功于赫里霍尔。后来，这两个历史事件都被记录在官方文献中。关于究竟是将军皮安克（Piânkhou）还是赫里霍尔开创了“复兴时代”，历史学家还有分歧。不过显而易见的

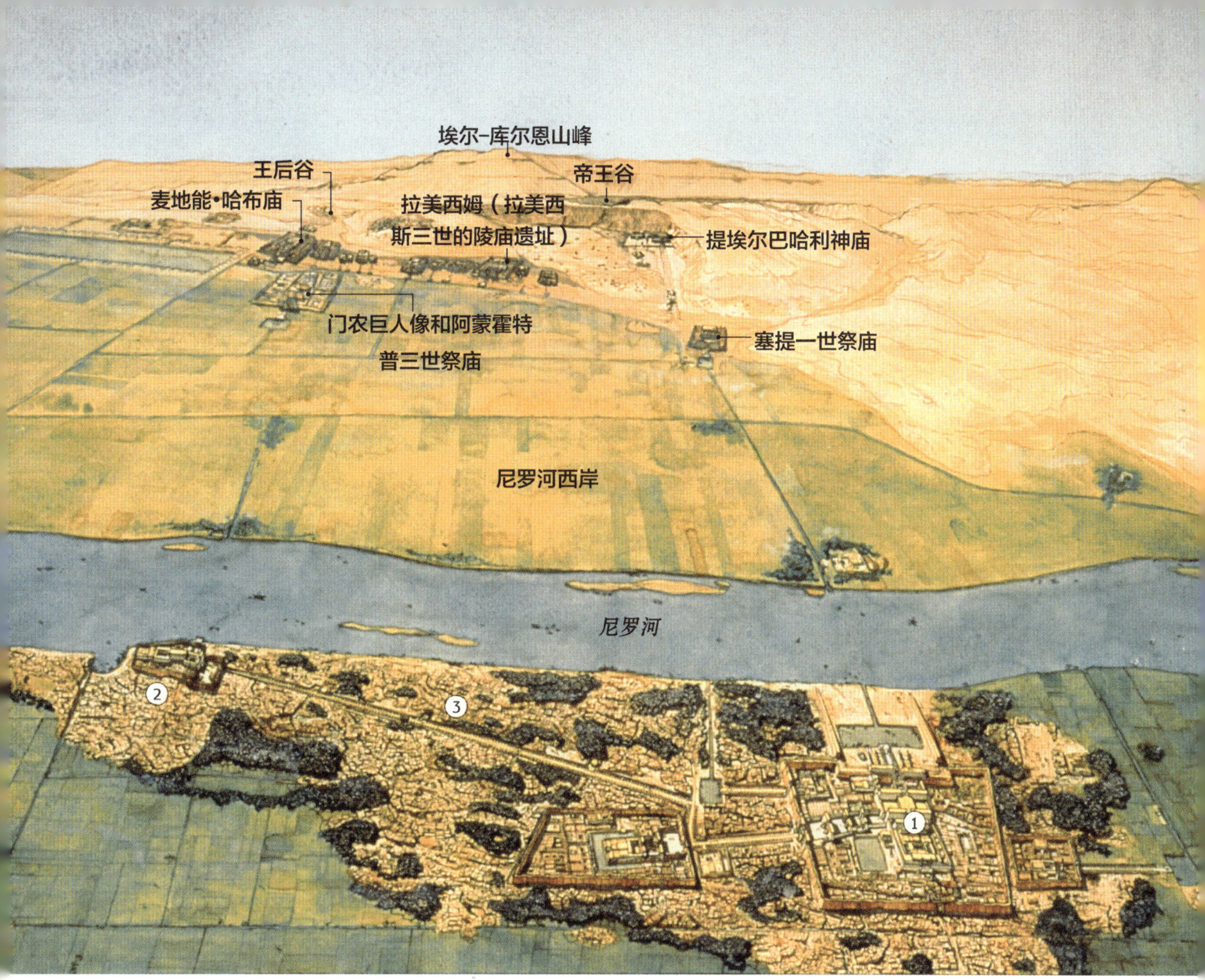

是，胆大的赫里霍尔把他的名字刻在了象形茧（又名“王名圈”）内，而在当时这是法老的特权。赫里霍尔的篡位表明拉美西斯王朝最后一位君主的消极和软弱，国王成了自己亲自提拔上来的人的傀儡。这个情景被画在卡纳克孔苏神庙的浮雕上，赫里霍尔同国王一样伟岸。而且，在装饰神庙最后工序的铭文上，赫里霍尔夸耀自己是神庙最雄伟部分的建造者，拥有国王才有的主持祝圣仪式的特权。

在此期间，斯门德斯（Smendès）执

掌下埃及政府，此人名不见经传，籍贯不详。他很可能是拉美西斯十一世的女婿，埃及某地的地方长官，坐拥尼罗河三角洲东部的培尔-拉美西斯城（Pi-Ramsès）。斯门德斯一世不仅在下埃及掌权，而且在拉美西斯十一世去世后自称为埃及法老。然而此时，欲戴两地王冠的赫里霍尔已驾鹤西去了；命运安排拉美西斯十一世比他的维齐尔长寿，虽然我们不知道这具体是多长时间。

于是动荡来临了。权威丧失、人民饥馑使得盗墓活动猖獗，被盗的既有平民墓也有王室墓。在不稳定的社会背景下，第二十一王朝取得了弯曲的芦苇——王权正统的象征，开始了统治。埃及经受如此灾难性的动荡，还是在久远的埃赫那吞（Akhenaton）统治时期。我们可以想象，当一个虔诚信奉阿蒙神的民族目睹国王反过来攻击他们信仰的神时，他们所遭受的心灵创伤有多大……被人们断言为“疯子”的埃赫那吞在其执政期间不遗余力地驱逐阿蒙僧侣，抹除陵墓和神庙浅浮雕上阿蒙神的名字。那是风雨飘摇的数年，异想天开地向象征阿吞神的太阳圆盘奉香的埃赫那吞最终只是一个软弱无能的人。其实，他的祖父图特摩斯四世在世时就已意识到：阿蒙僧侣势力不可遏制的扩张是对王权的威胁。之后，埃赫那吞的父亲阿蒙霍特普三世（Aménophis Ⅲ）开始隐秘地反对阿蒙僧侣。向阿蒙神公开宣战的重任最终落在了阿蒙霍特普四世埃赫那吞的肩上。这场冲突更多的是为了保卫王权，而非宗教信仰之争。阿蒙僧侣们只能耐心等待以伺机报复。随着第二十王朝末日的到来，时机出现了。

从此以后，原本明显的政治分裂，打着宗教的幌子就更加严重了。僧侣集团对传统王权的胜利使国家分裂成为可能，这在当时是不可想象的。南北之间的冲突一触即发。帝国经历了重大变化，赫里霍尔完全统治了上埃及，大祭司却始终只承认斯门德斯一世王位的正统性。尽管双方都无意制造直接冲突，埃及却陷入了近似无序的混乱之中，旧王国就此终结。“正统”的法老和阿蒙大祭司都需要缓和双方的关系，即便在事实上，由上埃及白王冠和下埃及红王冠组合在一起象征着不可动摇的国家统一已经被暂时打破了。

赫里霍尔薨逝后，尽管文献解释众说纷纭，但很可能是皮安赫（Piânkh）继承了阿蒙大祭司这一圣职并担任上埃及的军队首领。我们了解到，在拉美西斯十一世统治的第二十八年，皮安赫曾尝试收复前总督帕内赫西护卫的努比亚领地，但未果。皮安赫放弃使用王衔[5]却又心系王朝的继承，他死后，他的儿子皮努杰姆一世（Pinedjem Ier）继承了他全部的职权。不同于他的父亲，皮努杰姆一世使用称号"阿蒙庇护的在底比斯即位的获胜的公牛"并再次把他的名字写在了象形茧里。但是他对法老斯门德斯一世的统治提出了异议。

王室木乃伊的搬迁

皮努杰姆一世以及他的孙子皮努杰姆二世在位期间，大量新王国时期的王室木乃伊从原来的墓地被转移到了阿蒙霍特普二世（KV[6]35）的墓穴，甚至被运至提埃尔巴哈利神庙的储藏室——皮努杰姆二世（DB[7]320）的家族墓。挪动过程中一些木乃伊遭到了盗墓者的严重毁坏，转移分多个阶段进行，这在被搬运的法老之一拉美西斯二世石棺上的僧侣铭文中有所说明。放置拉美西斯二世木乃伊的仿石木棺并不是搬运之初的石棺。事实是人们再次使用了可能要追溯至第二十王朝的一具王家石棺，其表面的原始绘饰都被剥去了。

剥去绘饰的木棺被重新刷上黄漆，写上黑色的写有帝王名字的象形茧和使今天的人们能够遥想出这些庄严的木乃伊一程又一程旅途的铭文。在膝盖位置象形茧的下面的第一行铭文提到了赫里霍尔大祭司，这行铭文在时间上可追溯至拉美西斯十一世在位时"复兴时代"的第六年。铭文很可能详述了拉美西斯二世的木乃伊被搬运至他父亲塞提一世（Séthi Ier）的墓穴的过程。

接着，这个勉强能辨认的铭文被抹除，并被另一段可追溯至西阿蒙统治时期的注解"第十年，三角洲土地出现的第四个月，第十七天"所覆盖。铭文明确指出，人们把塞提一世的木乃伊从墓穴中取出并搬至第十七王朝末期安哈普（Inhapy）王后的墓穴，那里阿蒙霍特普一世的遗体也被挪走了。仅仅三天后撰写

[5] 古埃及的法老有许多名字，根据伽丁内尔（Cardiner）的记述，法老的王衔可以分为五部分：荷鲁斯名、两女神名、金荷鲁斯名、登基名和出生名。——译者注

[6] 帝王谷，英语 Kings Valley 的缩写。——译者注

[7] 提埃尔巴哈利神庙（Dier El-Bahari）的缩写。——译者注

DB320 墓：提埃尔巴哈利神庙皇家木乃伊的储藏室

19 世纪，从事文物贸易的艾哈默德·阿卜德·埃尔·拉斯南（Ahmed Abd el Rassoul）发现了一处被掩藏的家族墓地，名为提埃尔巴哈利神庙的储藏室或 DB320 墓，在此，一些伟大法老的木乃伊得以重见天日。

同埃及以往的发现一样，储藏室的发现是偶然的。阿卜德•埃尔•拉斯南的小型钻塔掉到了钻井里，随后这里被证实是墓穴入口。新王国时期伟大的法老们的木乃伊就堆叠其间，超过6000件陪葬品堆在一具仿石木棺和木乃伊的旁边。阿卜德•埃尔•拉斯南开始在埃及文物市场上出售这些物品。1881年，埃及文物局局长加斯顿•马斯佩罗（Gaston Maspero）派他的助手艾米尔•布拉奇（Emile Brugsch）去追踪流入市场的珍贵文物的源头，找到了被证实是阿蒙大祭司皮努杰姆二世陵墓的储藏室。储藏室掩藏着王室成员和达官贵人的木乃伊，共计40多具，包括法老的、大祭司的和高官的。在加斯顿等人看来，仿石木棺的表面虽然过于朴素，但伟大法老的王衔却赫然其上。让人失望的是，本该极其奢华的随葬品在数量上少得可怜。很明显，“偷盗”墓地的就是祭司本人。这也是木乃伊尸身得到留存，而珠宝上面的逝者名讳被修改之后再次被回收用于葬礼用品的原因。旁边的图画绘于储藏室被发现的时期，描绘的是正在端详木乃伊的法国埃及学协会的一些成员。

在石棺头部位置的第三段文字说明木乃伊最终被放置在提埃尔巴哈利的储藏室。铭文还以列表的形式记录了参与搬运人员的名字和职务。

文字还记录道：搬运木乃伊是皮努杰姆二世对雄才大略的先祖们的虔诚之举，是为了保护木乃伊，使之免遭盗窃。然而今天的人们已知其另有原因。失去了对努比亚的统治，古埃及也就失去了其最大的黄金储备来源。自王朝早期以来，埃及人就派重兵南下开采努比亚沙漠里被认为

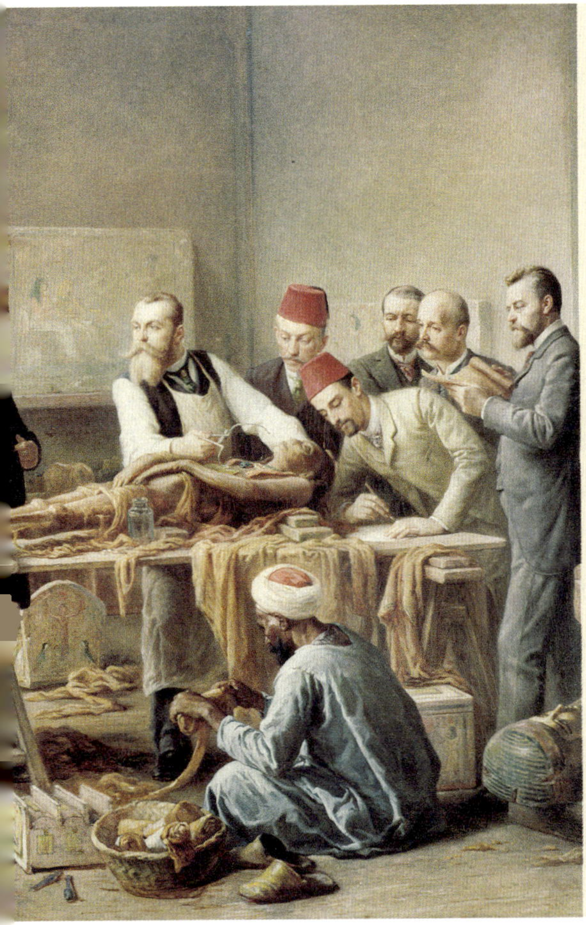

提埃尔巴哈利储藏室的入口 坐落在提埃尔巴哈利的“DB320”墓最初是作为大祭司皮努杰姆二世和他的王后的墓地来建造的。

❶**钻井入口** 人们通过一个几乎垂直的布满瓦砾的钻井进入墓穴。

❷**甬道** 墓穴开挖在两个水平面上，通过放置石棺的甬道连接。

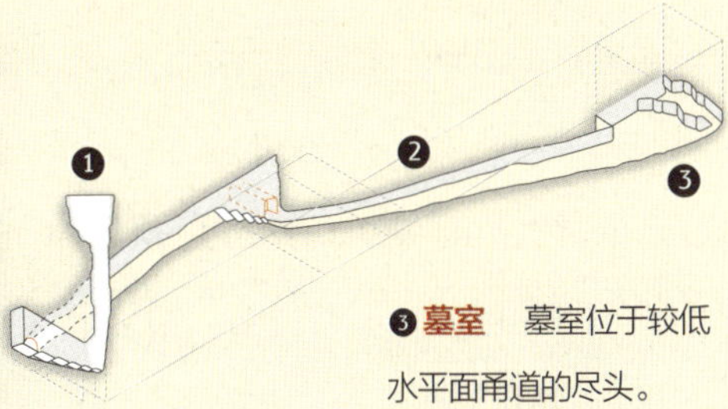

❸**墓室** 墓室位于较低水平面甬道的尽头。

是“神之血肉”的这种贵金属。只有法老能够赏赐黄金礼物，称“赐金”，法老将黄金赏赐文武百官和僧侣，勉励他们服其劳。面对宫廷日益困难的财政局面，找到易行的解决办法变得刻不容缓了，于是人们在皇家墓地里寻觅未遭盗窃的陵墓，搜刮随葬品中的黄金。

为了顺利进行这种“官方掠夺”，任命了级别低的书吏（scribe）。书吏图特梅斯（Thoutmès）及其儿子布特哈门（Boutehamon）来自修建陵墓（即今天的提埃尔巴

布特哈门石棺

指出阿蒙大祭司皮安赫寻找原封未动的陵墓的时间表的众多资料之一。（现存都灵埃及博物馆）

哈利神庙）的工匠们废弃的村庄，他们同皮安赫（正在征讨帕内赫西）之间的书信，以及现存都灵埃及博物馆的一具石棺都说明了盗墓的具体线路。在书吏同国王的书信往来中，国王下达的命令很清楚："在你们（书吏）熟谙的地方寻找陵墓，维持其封存状态直至孤归来。"在书吏布特哈门的石棺上写有一些极其少见的名称。除了常见的"陵墓工程监工"外，还记录的名称有"开启罗赛特之门的人"，以及更加明确的"开启墓地之门的人"。就这样，皮安赫指使这对父子书吏找到官方指定掠夺的完好无损的王室陵墓。布特哈门参与了拉美西斯三世的木乃伊修复工作，因为他的名字出现在了木乃伊的亚麻绷带上。

新王国末期，社会失序，这些不法之徒不仅肆无忌惮地盗墓，还洗劫了底比斯西部沙漠地区防守薄弱的民宅。修筑陵墓的工匠们纷纷离开他们在村庄上的居所，到拉美西斯三世的葬庙即麦地能·哈布庙的后面避难。布特哈门住所的遗迹留存在那里，由于原址上竖立有四根柱子，特别容易识别。柱身上写有布特哈门和他父亲的名字，担任皇家书吏的父子二人对职务备感荣耀。这一细节也揭示了这对父子立志要做优秀的书吏，书吏这一职务是可以传给子孙的。因此，图特梅斯曾就孙子们的教育问题给儿子布特哈门写信，其中的话语感人至深："勿使念书的孩子们放弃研习书写。"

在这个搬迁木乃伊的动荡时期，DB320 墓格外引人关注。这座开凿在沙漠之下的墓地，坑道长 76.5 米，可能注定要成为阿蒙第一先知皮努杰姆二世家族的永恒家园。虽然墓室因墙壁不能磨光而缺乏装饰，但 DB320 墓仍在数个世纪的时间长河中同新王国时期的 40 多具木乃伊共享墓穴。然而我们已知正是在新王国时期，帝王谷的墓葬遭受了盗窃，那么为什么皮努杰姆二世还下令开凿这个墓穴呢？在这个荒凉的、人类难以踏足的地方，建造者们苦思冥想试着建造一座难觅踪迹的陵墓却又任其成为未完成的工程呢？陵墓是不是代表不愿放弃永生宫殿的国王最后的朦胧愿望呢，即便这座"宫殿"只完工了一部分？这是可能的。总而言之，他们终是听任安排被埋入方寸之地，而塔尼斯诸王的命运也将如此。

寻找妥协方案

斯门德斯一世统治末期，昔日由拉美西斯二世建立的培尔–拉美西斯城可能被遗弃了。于是在旧城向北大约 20 公里处，即现在的圣 · 埃尔哈加尔城（San el-Hagar，今埃及加尔比亚省内），诞生了新城，被称为塔尼斯，它是第二十一和第二十二王朝的都城。

在此期间，底比斯大祭司集团和王权之间的冲突得到了解决，这得益于由来已久而又别具一格的联姻制度。迎娶了拉美西斯十一世的女儿荷努特塔威（Hénouttaouy）的皮努杰姆一世成功地集世俗权力和宗教权力于一身。对于塔尼斯子嗣来说，血缘关系也强化了底比斯传承。这段婚姻孕育了四个孩子：普苏森尼斯，在共同执政的尼斐卡拉（Néferkarê，可能是赫里霍尔的儿子）死后继承了父位；玛沙哈尔塔（Masaharta），担任阿蒙圣职；蒙赫普里（Menkhéperrê，意即拉神的化身），继兄大祭司之位；马特卡雷（Maâtkarê），享有阿蒙神之妻（Epouse Divine d'Amon）和侍奉阿蒙神的首席女祭司（Divine Adoratrice）的头衔。

斯门德斯一世薨逝后，可追溯到第十七王朝阿赫霍普特（Iâhhotep）王后时期设立的女祭司职位再次出现。只能授予公主和王后的“阿蒙神之妻”头衔在中王国时已经存在，但它只具有礼节上和荣誉上的意义。新王国时期，这一称号被赋予了举足轻重的职能权力。后埃及时这一职位的权力又得到了扩充。

阿蒙神之妻的头衔和侍奉阿蒙神的首席女祭司的称号通常都集中在一个人身上，尽管多数时候我们不会去分辨两者的区别。哈特谢普苏特（Hatchepsout）是第一位拥有这两个头衔的皇家贵女，尽管后来她把阿蒙神之妻的头衔留给了她的女儿——尼斐鲁拉（Néféroure）。皮努杰姆一世的女儿马特卡雷被指定为阿蒙神之妻的情况比较复杂。继任阿蒙神之妻的必须是未婚女性，也就是说阿蒙神之妻必须嫁给也只能嫁给阿蒙。这样做的目的是什么呢？答案简单而又现实：法老和阿蒙大祭司之间的关系紧张，于是人们试着创立了一个中间权力用以沟通两个集团，这个

祭品桌支座

第二十一王朝法老的陪葬品是由数不清的银器组成的。银器上都刻写有普苏森尼斯一世的儿子阿蒙尼莫普的名字，以及一段提及每年尼罗河河水泛滥的文字（现存开罗埃及博物馆）。

女祭司必须保持贞洁以避免她的子孙成为不和谐的第三个权力派别。继承人是女祭司亲自从法老的女儿中挑选的。

首席女祭司和阿蒙神之妻担任什么职责，享有什么特权呢？在当时，阿蒙神之妻是“全国女歌唱家的长官”。“侍奉阿蒙神的伟大女歌唱家”凌驾于所有的女信徒之上，拥有绝对的权力。阿蒙神之妻的职责之一是在法老展现精神和力量的赫布塞德节（Heb-sed，fête）上陪伴在法老左右。她还代表伊西斯女神作为葬礼女祭司，主管国王葬礼仪仗事务。

由于祭司身份的尊贵，她脱离了宗教权力和政治权力的束缚，日积月累的财富赋予她令人艳羡的经济独立地位。阿蒙神之妻拥有交由管家打理的富丽堂皇的府邸、广袤的田地和牧场以及大量的商铺和作坊。除了文字记录外，考古发现也证实女祭司拥有巨大的权力和影响力。这并不是偶然，1881 年在提埃尔巴哈利储藏室里发现了最美石棺，它有着精美绝伦的工艺和高度的艺术性，石棺的主人就是拥有首席女祭司、阿蒙神之妻头衔的皮努杰姆一世的女儿马特卡雷。

普苏森尼斯一世的金板

第三中间期，木乃伊的制作工艺达到了完美水平，几个王室的木乃伊都佐证了这一点。在普苏森尼斯一世的木乃伊上，人们发现了金板，其上绘有用来保护制作木乃伊时的腹部切口的荷鲁斯之眼和荷鲁斯的四个儿子（开罗埃及博物馆）。

马特卡雷仿大理石石棺

首席女祭司、阿蒙神之妻皮努杰姆一世的女儿马特卡雷死后被殓入木制的精美石棺中入葬，石棺为第二十王朝皇家丧葬所特有，由雪松和刺槐制作，表面覆上灰泥并刷上各种各样的色彩。石棺被放置在提埃尔巴哈利储藏室充当面具的木板后面的另外两个装有木乃伊的木制人形棺的内部，现存于开罗埃及博物馆中。石棺上绘制有坐立着的充当保护者的神像，在其对面绘有挥着翅膀的女神图像。石棺的下半部分绘制有多个场面：马特卡雷头衔，双翼展开的鹰隼护卫着逝者的双脚。石棺上夸张的装饰代替了其他墓室里的彩绘浮雕。

❶**发饰** 三股蓝色编织物组成的假发保护着头部，垂于双肩之上。发饰为皇家女性和首席女祭司所特有，脸两旁的装饰象征着张开翅膀的秃鹫。秃鹫是奈赫贝特女神的象征，但若是阿蒙神之妻的装饰，人们会把奈赫贝特女神和阿蒙神·拉之妻穆特女神结合在一起。

❷**王冠** 马特卡雷额前佩戴了一顶橘色和蓝色交织的王冠。王冠的装饰图案是直立的眼镜蛇，它象征保护者乌赖乌斯。在眉心位置，我们能看到三个孔洞，它们可能是用来镶嵌珠宝和另外两条乌赖乌斯的。

❸**眼睛** 双眼是马特卡雷脸部最美的线条之一。两道浓眉，一双杏仁大眼，并由方铅矿石粉制成的化妆品描画出眼线，这是古埃及富裕阶层女性的妆容特征。妆容既美丽又起着保护的作用。

❹**皮肤** 浮马特卡雷脸部和手部的皮肤都覆有薄薄的金箔。这种装饰主要用于法老。事实上，根据古埃及的宗教信仰，人们认为至高无上的君主逝世后会同化为金子构成其血肉的神。

❺**颈部项链** 马特卡雷胸前佩戴有一个极其精致的项链，其上金光闪闪并配有隼头形状的搭扣：乌塞克（Ousekh）。项链的中间是圣甲虫形状的胸饰，两边是端坐在各自王座上的法老神像。

❻**双手** 和脸部一样，这位阿蒙神之妻的双手也覆有薄薄的金箔。交叉于胸前的双手从石棺上掉落了下来。为了偷盗其手中物品右手被扯了下来。左手所持之物同样不知所踪。遗失之物很可能是权杖或者珠宝。

宠物

当艾米尔·布拉奇打开第二具人形石棺时，他看到了马特卡雷的木乃伊。在她的旁边是一个小小的经过完美防腐处理却变形严重的盒子。盒子尚未打开之前，从它靠近马特卡雷石棺的程度来看，人们给出了一个罗曼蒂克的解释：侍奉阿蒙神的首席女祭司难产而亡，所以她想要新生儿葬在其旁边。这同首席女祭司必须从一而终的义务背道而驰。后来人们经过对盒子内部物质的分析推翻了这种说法：它可能是马特卡雷想要带到冥间的宠物——一只幼年狒狒。这种动物是托特神的象征，托特神是智者之神、书写之神，在当时为古埃及人民所喜爱。图片上是纸莎草纸《亡灵书》中的一个场景，托特神现身在阿蒙女祭司的身边（开罗埃及博物馆）。

1
2
3
4
5
6

宣告衰落的迹象

第二十一王朝时，整个埃及社会死气沉沉。沉闷压抑的氛围使得埃及外围的国家蠢蠢欲动。第十八王朝的埃及人民筚路蓝缕取得的威名还剩下什么呢？这方面可查的资料不多，但是保存于莫斯科普希金博物馆的纸莎草纸让人联想到当时古埃及的辉煌成就扬名海外。众所周知，这个故事的名字是《乌纳蒙游记》（*Voyage d'Ounamon*），其详述了卡纳克大祭司的使节在比布鲁斯（Byblos）寻找雪松树给阿蒙神建造船只的离奇经历。

故事发生于拉美西斯十一世统治后期复兴时代第五年，它是一个真正的历险记。首先，难以想象的是乌纳蒙买树要付钱。然后，在渡海过程中，密使遭到了自家船员的偷窃。祸事接二连三，为了满足狮子大开口的比布鲁斯国王的要求，乌纳蒙不得不向法老索求更多的金子。这个让人感到羞辱的协商持续了一年，直到雪松树被伐倒乌纳蒙带着珍贵的货物离去。归途中，航船沉没了，幸运的是乌纳蒙来到了塞浦路斯岛（Shypre）。被希族塞人（chypriotes）拒之门外的这个“外来人”最终引起了王后的注意，王后非常同情这位不幸的航海员的遭遇。故事到这里戛然而止，因为纸莎草纸并不完整。不管是真实的还是文学想象的，这个充满假说的故事都反映了故事所处时代的事实以及埃及人民已经威信扫地。

底比斯和塔尼斯，埃及和亚洲

姻亲关系使得两个权力中心——底比斯和塔尼斯逐渐互相靠拢。普苏森尼斯一世的女儿伊塞腾赫普（Isetemkheb）和阿蒙大祭司蒙赫普里（Menkhéperrê）的联姻使二者之间的关系更加紧密。关系靠拢的另一标志性事件是：普苏森尼斯一世参与了卡纳克神庙的建造。在其统治的第四十八个年头他让人修筑了阿蒙神庙的北墙，且可能还修筑了第十八王朝阿蒙霍特普三世时建造的卢克索神庙的护墙。普苏森尼斯在塔尼斯也建造了三联神庙（阿蒙神、穆特神和孔苏神）。蒙赫普里去世后，他的儿子斯门德斯二世成了底比斯大祭司，但是年老的斯门德斯二世只有两年的时间去履职。其弟皮努杰姆二世接替了他。

普苏森尼斯一世薨逝后，被部分埃及学家认为是普苏森尼斯儿子的阿蒙霍特普，问鼎了北部都城塔尼斯的王座，执政共计十年。关于他的后继者奥索尔孔・阿赫普瑞・塞特普拉（Osorkon Aakheperrê Setepenrê），即长者奥索尔孔，我们只知道他的名字。再下一位继承者是在塔尼斯大兴土木的西阿蒙：他再次使用原有材料重建了阿纳特（Anat）神庙的围墙和塔门，并完成了阿蒙神庙的修复工程。

掩埋于塔尼斯废墟之中的一块浅浮雕描绘了西阿蒙正在杀一名亚洲人。然而由此并不能断定埃及东部曾发生过战事。其实，这个场景是所有法老对个人形象的想象。自新王国时期起，能让外敌一蹶不振的国王始终是神庙塔门上不断出现的形象。这一形象象征着法老能保家卫国，抵御外来危险。为此，法老遵照阿蒙神–拉的意愿维护玛阿特（Maât）女神——正义和秩序之神。然而，虽然缺少更多的考古学证据，但这个场景也可能同巴勒斯坦战事有关。对此《圣经》(《列王纪上》, *Premiers livres des Rois*，9—16 章）给出了最可靠的证明。

西阿蒙时期，大卫王成功地集结了部落联邦，意图攻击腓尼基人的军队。埃及为以东国（Edom）具有腓尼基人血统的王子阿达德（Hadad）提供了容身之所，并让其迎娶了一位埃及公主。公主诞下一名男孩，男孩长于宫廷，学于宫廷且享有特权，这可看作是埃及对其旧盟友的邦交礼节，其目的可能是换取盟友不出兵干涉埃及对外战争。但是，大卫王逝世，所罗门（Salomon）即位后，事态急转直下，埃及出兵占领并摧毁了基色（Gezer）的腓尼基广场。当时埃及人态度的转变应该是出于保护贸易的需要。事实上，在那个时代，腓尼基人的船只来往穿梭于地中海，远可达伊比利亚半岛。近海运输让埃及赚得盆满钵满，而腓尼基人对埃及的海上贸易构成了重大威胁。于是埃及趁腓尼基人对抗大卫王后国力虚弱之时，发兵腓尼基。书中虽然并未描述西阿蒙曾指挥过此次军事进攻——战事可能发生在其统治之后——但是这场战役增进了埃及国王和所罗门王的关系，所罗门王迎娶了一位埃及公主，很可能是普苏森尼斯二世的女儿。姻亲关系再一次促进了两国之间的友好

从培尔–拉美西斯到北方的底比斯——塔尼斯

新王国时期，三角洲地区是法老的定居地。拉美西斯王朝的法老们定居在培尔–拉美西斯城，在第三中间期新的王都建立后，他们也移居到了塔尼斯。

19世纪，众多像马里埃特（Mariette）和皮特里（Petrie）一样的埃及学家对塔尼斯古遗址进行了发掘，但直到19世纪30年代初皮埃尔•蒙特（Pierre Montet）团队才开始了主要的发掘工作。自那时起考古研究就从未中断，今天我们仍然在发掘圣•埃尔哈加尔城。蒙特非常吃惊地发现建造塔尼斯城使用的大部分石砖都带有第十九王朝拉美西斯二世的王衔。他首先认为他所在的位置是培尔-拉美西斯都城，但是他又考虑到人们为建造新城而摧毁了旧城。对于中心位置的阿蒙神庙，毫无疑问的是埃及人民借鉴了卡纳克圣殿的结构。围墙拱卫着的圣殿有阿蒙神庙、穆特神庙以及敬奉二神之子的孔苏神庙。圣湖、荷鲁斯神庙和法老陵墓则分布在四周。图片是位于塔尼斯城断壁残垣中的舍尚克三世的纪念门。

关系。

但是我们不知道西阿蒙时期同王朝最后一位法老普苏森尼斯二世之间是不是存在某种亲缘关系，也无从知晓这位法老是不是同接替皮努杰姆二世底比斯圣职的大祭司是同一个人。第二十一王朝末年，人民生活暗无天日。从塔尼斯皇家墓室中出土的随葬品来看，不计其数的时代小片段已经被毁坏殆尽了。

在第二十一王朝之初，宫廷从培尔–拉美西斯迁到塔尼斯［即现在的圣・埃尔哈加尔城（San el-Hagar）］一定同下面两个原因有关。首先是随着时间的推移尼罗河河水发生了变化，尤其是三角洲地区。众多科学研究证明这些变化把曾经适宜耕作的地区变得干旱或者相反地使家园变成泥沼，使附近的田地不能使用。至于第二个原因，它可能是为了利用靠海的运河加

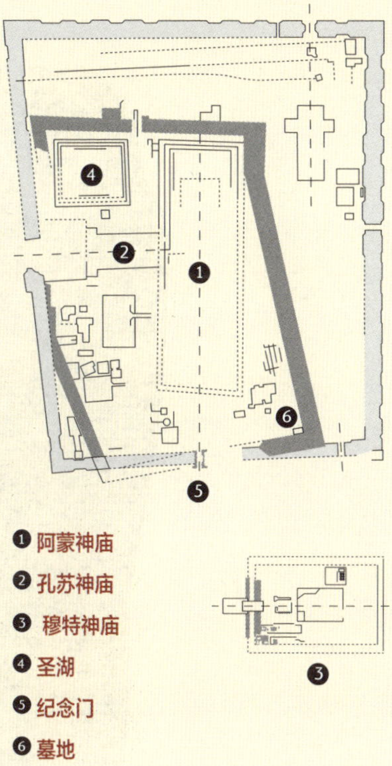

强对三角洲地区的控制并进一步靠近腓尼基海上商路。

塔尼斯城周边连绵的山岗环绕着山谷中心一块多边形犹抱琵琶半遮面的巨大场地，它也是拿破仑远征军重建的阿蒙神庙的围墙。考古发掘使阿蒙神庙和其他圣殿的遗迹雏形初现，以及仍然隐藏在神庙西南角外围的第二十一和第二十二王朝的法老和宫廷成员的众多陵墓群也初见端倪。不管怎样，猜测在此的一些陵墓的准确位置还有待寻找，尤其是斯门德斯一世墓。这些墓葬的发现是现代考古学最吸引人的部分。事实上，直到那时，考古人员还没有发现一座保存完好未遭盗窃的皇家陵墓。唯一例外的是图坦卡蒙（Toutankhamon）的法老墓，正如陵墓的发现者霍华德·卡特（Howard Carter）在1922年所指出的那样，尽管它曾遭到过亵渎，但图坦卡蒙墓掀开了陪葬品

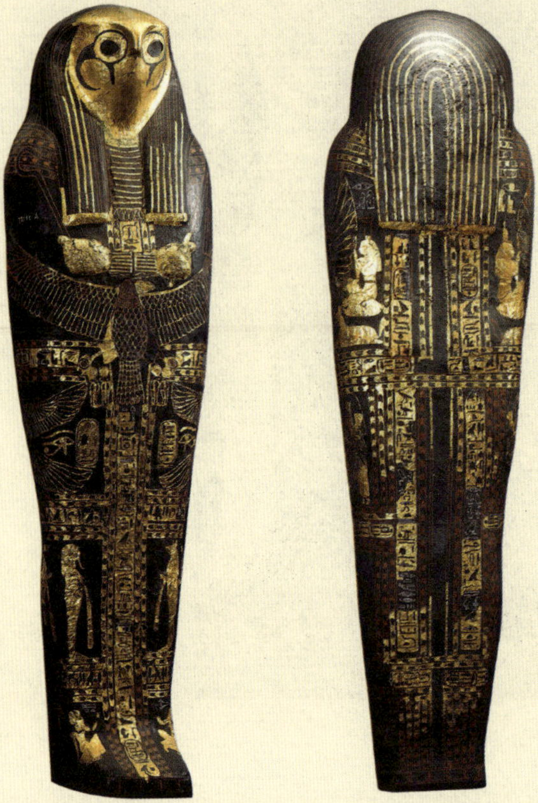

木乃伊保护技术：纸板外壳

在埃及第一中间期，一种比传统的仿石木棺更加简单的包裹木乃伊的方法得到使用：覆盖层遍布整个木乃伊或者一部分。

纸板外壳使用的是多层涂有树胶和生石膏的亚麻布，接着在白色或彩色的亚麻布上绘画。第三中间期时，人们使用这种技术制作平民百姓或部分法老的木乃伊。通常情况下，人们把参照阴间诸神的生活场景绘制而成的硬挺纸板覆盖整个木乃伊。最让人惊叹不已的是法老舍尚克一世（Shéchonq Ier）的木乃伊外壳（见上图，现存于开罗埃及博物馆）。这个纸板外壳没有图画装饰，但是在黏土和稻草构成的框架上覆有一层金箔。装饰图案和平民百姓木乃伊纸板外壳上的图案相似，都是有翅膀的女保护神和荷鲁斯的四个儿子。让人想到墓地保护神索卡尔（Sokar）的猎鹰被描绘在木乃伊的头部位置。

构成和位置摆放的神秘面纱或面纱一角。虽然 1939 年皮埃尔·蒙特在塔尼斯发现了一些原封未动的陵墓，原原本本地呈现了丧葬祭司留下来的样子，但遗憾的是，这样的发现所激起的热情因第二次世界大战的爆发而熄灭了……

塔尼斯诸王选择葬在神庙围墙下挖掘的小墓室里，因为那里永远有人看管。这样，塔尼斯法老们比葬入规模宏大的帝国墓地中更加安全，那里是缺少运气的底比斯法老们的安睡之地。在古王国和中王国时建立的金字塔遭到洗劫后，法老们不得不采用这种方式。新王国时期开凿于帝王谷的地下宫殿也未能逃脱盗墓者的猎捕。这种可清楚地表述为放弃“永生宫殿”的、谨慎的解决办法却成了最明智的也是唯一的可以避免墓室遭盗的办法，至少对一些陵墓是这样。

众所周知，埃及墓葬主要由分开的两部分组成：祭堂——人们摆放逝者灵魂卡（Ka）[8] 必需的祭品的地方，墓室——法老的长眠之地，周身摆满冥间生活需要的行装。为了使卡（至关重要的生机）接触到食物，人们需要把木乃伊放在距离祭堂最近的地方。在塔尼斯的墓葬中，这种靠近得到了保证。尽管发掘并没能证明这一点，然而在神庙的围墙内必然有专门摆放祭品和法老入土举行仪式的祭堂。第二十五王朝时期，阿蒙神之妻们在拉美西斯三世墓的围墙内重新采用了这一做法，塞易斯时代的达官贵人和第二十六王朝亦是如此。由普苏森尼斯一世创建的供奉诸神之王阿蒙神-拉的宏伟庙宇以及它的围墙只剩下零零星星的遗迹了。环绕着主殿建造的附属神庙群亦是同样的命运：建造神庙的石砖几乎全部都在石灰窑中被焚烧殆尽了。

塔尼斯的宗教建筑群重新规划了卡纳克的城市布局。遗憾的是，由于缺少原始的神庙上部结构，这片建筑群的最初模样不可能重现了。被归为圣物四处散落的石砖和昔日损毁的塑像也不会再回到它们原来的位置了。今天，不计其数的雕塑排成一列，组成了一座露天博物馆，仿佛是在阻止圣庙群原貌的再现而不是为此提供助力。在塔尼斯，“数百万年”前就充当材料的石砖和用其构筑的建筑物又一次充当了宣传工具，以看得见摸得着的方式表达了王权无处不在。然而，那个时期的权力

[8] 古埃及人确信人类灵魂由九个部分组成，其中 Ka 是由食物提供的至关重要的生机，用以区分活人和死人。——译者注

奈菲尔塔利

在右上方的浮雕中，描绘的是第十八王朝早期女性王室血脉中最具代表性的人物。

能同哈夫拉（Khéphren）和孟卡拉（Mykérinos）的巨人塑像所代表的绝对权力相媲美吗？第三中间期拉神的后裔还是遥远的第四王朝诸王那样的神授之王吗？绝无可能：太多的事情发生变化了。考古发掘已经证明宗教和政治的结合始终都很重要，它们是权力不可分割的两部分。法老是这种权力的化身，但是不要忘记这也是神的命令。作为拉神的儿子，埃及王拥有凌驾于祭司和全部神庙圣殿之上的绝对权威，哪怕祭司本人是神授君主的子嗣。在这一时期，阿蒙神仍是“诸神之王”，理论上它还是帝国的唯一主神，以便塔尼斯的法老们能够同卡纳克阿蒙所在地底比斯政治一宗教一体的权力集团区分开来。因塔尼斯城的创建而产生的分离代表的只是距离上的远离，从来不是宗教上的。所以塔尼斯城设计得像是卡纳克城的复制品。因此，主神只可能是塔尼斯的阿蒙神。阿蒙神-拉和三联神的影响力不仅体现在塔尼斯宗教建筑的布局之中，也体现在埃及以南靠近博尔戈尔山（Gebel Barkal）遥远的努比亚，那里的阿蒙神庙和神庙周围的圣殿都以卡纳克神庙为原型。

塔尼斯城的考古工作把一个意义重大的事实公之于众：在制作仿石木棺的过程中，人们普遍偏爱使用白银而不是黄金。事实是，由于作为埃及黄金主要来源的努比亚脱离了埃及的统治，埃及人不得不使用来往穿梭于地中海海洋的腓尼基商人售卖的白银。这些白银产自伊比利亚半岛南部。都城向海上靠近便于控制海上商路，定都于此的主意由此打定。至于出土的陪葬黄金，其中一部分是官方偷盗底比斯皇家墓葬群所得。尽管我们不清楚从底比斯陵墓中获得的黄金的具体数量，但是显而易见的是，对第二十王朝寂寂无闻的法老舍尚克二世的陪葬品惊人的财富数量，我们似乎难以给出合理的解释。而且在其执政期间，埃及出现了意想不到的繁荣，陪葬品中发现的黄金必然是其占领耶路撒冷战利品的一部分。

塔尼斯的对外影响

某种程度上在塔尼斯皇家墓葬群宝库中发现的数以万计的文物，其来源的多种多样至少让我们弄清楚了在塔尼斯国王同底比斯管理者的斗争中占据上风的是哪一个。普苏森尼斯一世墓中随葬的珍贵餐具中一只精致的蓝莲花形状的金杯上的铭文就明确指出：这是大祭司卡纳克总督皮安赫的儿子和继承者皮努杰姆一世进献给法老的礼物。这个礼物是埃及封臣的进献。但是这种情况同外国君主和封臣都无关，因为这件物品反映的是最高宗教权威向国王的臣服。这证实了双方权力的平衡，底比斯也需要维持这种平衡，即便他需要承认塔尼斯王权的至高无上。事实上，这种平衡更像是双方在互相遵守默认的协议。根据陪葬品中的其他物品对此作出判断，普苏森尼斯一世好像需要使他让人怀疑的王室血统合法化。极具个人风格的随葬面具让人想起了胜利者图特摩斯三世墓中最壮观的雕像。石棺棺盖的原主人是被葬于帝王谷的拉美西斯二世的继承人麦伦普塔赫（Merenptah）。不仅如此，口朝下倒扣在石棺旁的用于燃烧香料的青铜火盆的原主人是拉美西斯二世，其他的各种更加小的随葬品也都是拉美西斯大帝（即拉美西斯二世）的所有物，还有一

朴实无华的项链虽不起眼却有出人意料的往昔还愿物

皮埃尔·蒙特打开法老普苏森尼斯一世的石棺，映入眼帘的是这位君主的木乃伊。木乃伊上覆有各色珠宝，尤其显眼的是金光闪闪的面具、黄金指套和几乎完全由黄金制成的其他饰品，然而同样居于其间的还有朴实无华的双圈珍珠状青金石项链。蒙特细细观察这件外观平平无奇的珠宝，发现其上穿有一枚独一无二的珠子。

该项链由两圈青金石珠子串联而成，正中间是一枚金珠。项链外圈共有30颗珠子，内圈是26颗。搭扣上标有项链所有者的名字：普苏森尼斯一世。项链所用材质为色调蓝色偏灰并带有白色细小纹理的青金石。初看，所有的珠子似乎无甚差别。然而细看之下，项链外圈中的一颗珠子没有白色的纹理，且颜色深蓝。在这颗珠子上写有三行楔形铭文。该项链是亚述的维齐尔敬奉给阿舒尔神（Assur）[9]的还愿物，以期神佑其爱女。关于这件收藏在开罗埃及博物馆中的还愿物，众说纷纭，其中一个说法是：这件珠宝是亚述公主送给夫君普苏森尼斯一世的礼物。尽管普苏森尼斯一世执政这个时间是合情合理的，但是我们并不知道它出现在国王陪葬品中的确切原因。

些物品可能是普苏森尼斯一世赏赐给将军温德巴恩德（Oundebaounded）的，因为我们在普苏森尼斯的墓室中找到了这些物品。

温德巴恩德将军既是军队统帅、帝国弓箭军将军，又是孔苏神在底比斯的先知以及众神在塔尼斯的先知首领。他和法老关系密切且这种关系一直延续到其死后，因为他同法老葬在一处，又加上他在底比斯宗教中担任的职务，使得他在两城都是一个有权势的人。深得普苏森尼斯一世信任的温德巴恩德亲自给国王传递南部都城的最新消息。底比斯对塔尼斯思想的影响非常醒目地展

[9] 阿舒尔神是古亚述人崇拜的主神和战神。——译者注

现在温德巴恩德墓室的浅浮雕上：凿刻于墙壁之上的“西方女王”母牛哈托尔现身，仿佛要出底比斯山迎接仙逝的将军。普苏森尼斯一世木乃伊颈部佩戴有多条项链，其中一条由硕大圆润的珠子组成，珠子中有两颗是金珠，其余的质地都是青金石。其中一颗珠子上写有楔形文字的铭文。这条项链可能是亚述的高级官员献给国王的礼物，这让人想到两国国王曾经的友好关系。塔尼斯，这座被遗忘的城市向我们揭示了它历史长河中的片鳞只甲。关于国王和城市居民的日常生活还有待探寻。考古发掘将逐渐揭开第二十一王朝的神秘面纱。

舍尚克二世的银质石棺

在普苏森尼斯一世的墓葬中，人们不仅发现了属于法老本人的奇珍异宝，而且还出土了舍尚克二世的银棺。外层石棺现存于开罗埃及博物馆，其形状是代表墓地守护神索卡尔形象的圣兽猎鹰。因此法老被同化为索卡尔、孟菲斯（Memphis）的守护神。

档案：塔尼斯的帝王墓

纵观埃及考古学的历史，塔尼斯帝王陵墓的发现足以媲美图坦卡蒙墓。

关于塔尼斯城，尽管拿破仑远征军发起了研究，罗贝蒂（Drovetti）进行了考察，伯顿（Burton）、威尔金森（Wilkinson）、莱普休斯（Lepsius）开展了细致的探查，奥古斯特·马里埃特（Auguste Mariette）1860—1864 年进行了发掘，但它仍是一个巨大的未解之谜。这座城池被马里埃特考证为阿瓦里斯城，被弗林德斯·皮特里（Flinders Petrie）错认成培尔-拉美西斯城，这引起了斯特拉斯堡大学教授皮埃尔·蒙特（Pierre Montet）浓厚的兴趣。1921—1924 年，这位埃及学家在比布鲁斯发现了第十一和第十二王朝一些王子的陵墓，根据这些发现，他考察了埃及同比布鲁斯的关系。还有什么地方比在喜克索斯人（Hyksos）曾统治、拉美西斯二世曾居住的地方考察亚洲人和埃及人的关系更合适呢？

白银面具　法老普苏森尼斯一世银棺细节图（现存开罗埃及博物馆）。

塔尼斯墓发现时间表

1939年2月27日
蒙特打开第一座群墓，在主墓室他发现了法老奥索尔孔二世的遗骸。

1939年3月17日
发现第二座帝王墓。法老普苏森尼斯一世的墓室和主要的陪葬珍宝仍未出土。

1940年2月11日
发现并打开了陪葬室。国王普苏森尼斯一世的陪葬财富惊人且完好无损。

1941年4月16日
蒙特进入紧挨着普苏森尼斯一世墓的国王阿蒙尼莫普（Aménémopé）的墓，并认为其也是原封未动的。

1946年
二战后，重新开始的发掘工作在普苏森尼斯墓的一角发现了温德巴恩德将军的墓室。

普苏森尼斯一世的胸饰　由黄金和宝石构成的带有双翅的圣甲虫是塔尼斯出土的宝物（现存开罗埃及博物馆）。

法老藏匿的黄金

尽管埃及自第十八王朝起逐渐变得贫困，但是国王并没有放弃死后对黄金的占有。因为相较以前他们拥有更少数量的“神之血肉”（法老的遗产），所以被认为是“神骨”的白银开始大量出现用以填补这一空缺。重见天日的塔尼斯珠宝，其精美可媲美爱德华·卡特在图坦卡蒙墓中的发现。不仅如此，这位年轻的底比斯国王在他的冥间生活中并没有佩戴上这对精美的曾陪伴法老舍尚克二世的金镶青金石手镯（如右图，现存开罗埃及博物馆）。

❶ **普苏森尼斯一世的墓室：**密封，内有国王的木乃伊和随葬品。

❷ **阿蒙尼莫普的墓室：**未遭盗窃，随葬品完好无损。

❸ **赫卡赫佩雷（Heqakheper-rê，舍尚克二世）的石棺：**银制，引人注目的隼头。

❹ **温德巴恩德将军的墓室：**墓室原封未动，包括随葬品。

❺ **奥索尔孔二世的墓室：**虽然被盗了，但是人们还是找到了石棺、卡诺卜坛（礼葬瓮）和替身俑乌什布蒂。

❻ **停放塔克罗特二世石棺的墓室：**人们还找到一些残存的陪葬品。

研究之初

1929年，蒙特组建了包括建筑师让-路易斯·福格鲁塞（Jean-Louis Fougerousse）、石砖搬运方面的专家乔治·戈荣（Georges Goyon）、埃及学家保罗·布赫尔（Paul Bucher）以及女测绘员吕西安娜·埃普龙（Lucienne Epron）在内的考古队。蒙特在塔尼斯搭建了房屋，作为考古队的所在地，他的家人也居住其间。展现在他面前的景象不能更混乱无序了。沙地里到处显露着方尖碑遗迹、被毁坏的巨人像和立柱，曾经联结一起的额枋[10]也早已破碎，这一切都通过一个共同点联系在一起：其上都带有拉美西斯大帝的象形茧。直到1964年，蒙特离世的前两年，他才确信塔尼斯城就是培尔-拉美西斯城。其实，就是在对考古资料进行分析的某一天，人们才得以证实塔尼斯就是第二十一王朝建立的新都城。

从1929年到1940年，蒙特的两个工作区域是：阿蒙神庙以南和穆特神庙的对面。被重复利用的石砖上显现着拉美西斯时代、中王国时期和古王国时期的铭文。面对如此杂乱的情况，唯一的办法就是通过地基沉淀层确定建筑物以及后来改动后的建筑物的主人。在神庙清理过程中，蒙特发现了著名的受隼头人身荷鲁斯保护的拉美西斯二世童像。顺着马里埃特的发掘向南推进，考古队挖掘出了托勒密王朝的生活遗址。由于马里埃特的发掘堆积了大量的砖石瓦砾，所以清理进度很慢。但是，在1939年2月17日这一天，当蒙特经过十五号、十六号墓室时（根据他的现场笔记），他注意到十六号墓室的地上裂开了一道缝隙。他拆除石板，看到了裂缝里面属于国王舍尚克二世的已经破碎了的“替身俑”乌什布蒂（ouchebtis）和一个金伊西斯结。掏净洞穴里面的土后一块封闭地下空间的石板出现了。他下到这间神奇的墓室的底部。他是不是正身处舍尚克二世这位第二十二王朝最有作为的法老的墓室中呢？他花了两个小时清空了这个神秘的墓穴，在他看来却像是花了数个世纪的时间。不管怎样，蒙特站在了一个正方形的墓室之中，墓室朝向相连着的大厅。墙壁上是密密麻麻的象形文字和人物图像，其中写有奥索尔孔二世王衔的象形茧多次出现。蒙特刚刚发现了第一座塔尼斯帝王墓，即第二十二王朝第五任法老

[10] 古代建筑中柱顶的一部分，是柱子上端联络和承重的水平构件。——译者注

蒙特查看普苏森尼斯一世的第二层石棺

第一层玫瑰色的花岗岩石棺被抬起后，皮埃尔·蒙特发现另有一层黑色花岗岩的石棺，后者是从拉美西斯时代某位王公贵族的墓中窃取而来的。内部是雕刻精美的银棺。普苏森尼斯一世的头部位置装饰有金质的眼镜蛇和王冠。下面这张图片是黄金和彩色玻璃镶嵌而成的杯子，它可能是普苏森尼斯一世赏赐给将军温德巴恩德的（现存开罗埃及博物馆）。

的长眠之地。1939 年 2 月 27 日，考古学家的梦想成真，但是他还不知道前方留给他的是怎样的惊喜……

舍尚克二世的墓穴由四个隔间组成，其中两间通过一条长廊相连，另外两间则被砖石砌筑封了起来。一间砖砌隔间内有一几乎占据了整个隔间的花岗岩石棺，其内空无一物且没有任何文字；另一间砖砌隔间和与之相连的房间都被偷盗一空。石英岩棺椁栖身于长廊连接的一隔间内，其上有塔克罗特二世（Takélot Ⅱ）篡权的标记。人们把盗墓分子丢弃的随葬品收集了起来：不成套的卡诺卜坛（即“礼葬瓮”），散落于地的替身俑乌什布蒂以及写有奥索尔孔一世和塔克罗特二世名字的碎片。在墓穴最西边，花岗岩石块遮掩着陵墓的主墓室——奥索尔孔二世的墓室。墓室全部由花岗岩筑成，规模为 5 米 ×2.80 米，是一座真正的大墓。因偷盗而显得乱七八糟的墓室里有一具精美绝伦的帝王石棺。石棺的后面由花岗岩石块半掩着的是奥索尔孔二世的儿子霍纳赫特王子（Hornakht）碎裂了的石棺棺盖。

这些墓葬的发现预示着后来的新发现。事实上，托勒密王朝的其他建筑物还有待拆除。蒙特很快找到了掩藏在附近建筑物铺路石下面的另一座墓葬的入口。在他的现场日记中，他这样写道：“1939 年 3 月 17 日真是无比美妙的一天，像《一千零一夜》一样值得大书特书。”他难以置信地表示：掀开沉重的石板，他踏足到第二间墓室。在这个小小的侧墓室的墙上，蒙特辨认出了普苏森尼斯一世的名字。很快，最初的猜想便得到了证实：墓室保存完好且未被盗掘。一具隼头人身的银棺赫然摆在墓室正中，两具已经解体了的木乃伊分列两边。地上堆放着替身俑乌什布蒂、晶莹洁白的瓶子以及靠墙摆放的青铜饰品。四天后，当时的埃及国王法鲁克亲临石棺的开棺仪式。

未知的法老

最终，正如我们的猜测，这不是普苏森尼斯一世的墓，而是第二十二王朝一位未知的法老的墓：赫卡赫佩雷 · 舍尚克。木乃伊头部覆有黄金面具。墙上的铭文暗示普苏森尼斯一世的墓室就藏在这个侧墓室某面墙的后面。好事多磨，1939 年 9 月 1 日，二战爆发了，考察团的考古活动中止了。

尽管考古队人手不够，蒙特还是决定在普苏森尼斯一世墓的外围继续研究。于是他发掘了第三座墓，里面有阿蒙尼莫普的石英岩石棺棺槽。接着是国王舍尚克三世被偷盗过的墓。再回到普苏森尼斯一世的墓，研究过侧墓室后，蒙特急忙在墓室西墙的铭文上画出了两个隐形门。一旦第一道门被推倒，这位埃及学家的通道就被一块巨大的花岗岩石块堵上了。从墙壁缺口处探入一盏灯，他隐约看见了墓室的内部。在 1940 年 2 月 11 日的信中，他这样写道："尽管缝隙很窄，但是我坚信那里有更多的在我整个考古工作中仍未能见过的事物。"这在考古学历史上还是第一次，封存墓室和进入墓室使用同一种方法。一点一点向外拉动，石块开始倒退……在青铜滚筒上滑动，约在 2933 年前滚筒已经被用来关闭墓室了！

一周后，这位埃及学家出土了普苏森尼斯一世的随葬品：替身俑乌什布蒂、礼葬瓮卡诺卜坛和精美绝伦的金瓶、银瓶。石棺棺盖质地精良。代表国王形象的欧西里斯被刻画在棺盖上部，伊西斯在其身后张开双臂环抱着她哥哥和爱人的头。一旦棺盖被提起，就会看到内部的努特女神像，双手高举保护国王的木乃伊。书写在雕像上的悼词也曾出现在图坦卡蒙的墓中："啊，努特母亲，请张开您的双臂拥抱我，保护我，直至星辰不再闪耀！"不久，人们了解到这个棺盖曾经覆盖在拉美西斯二世的儿子和继承者麦伦普塔赫的一个葬穴上面，他拥有三个葬穴。此时，这些发掘证实了自王朝之始人们就把帝王谷的黄金和重逾千钧的纪念性建筑物从底比斯的帝王墓搬运到了塔尼斯。嵌在第一层石棺里面的第二层黑色花岗岩石棺封存着白银人形棺，人形棺的头饰上镶有黄金。饰有黄金的还有震撼人心的黄金面具、黄金棺盖、黄金凉鞋以及双脚脚趾和双手手指的黄金指套。总之，2 副胸饰、22 个手镯，30 个指环，4 个巨大的圣甲虫以及各种各样的护身符、兵器和指挥权杖共同组成了用于冥间的皇家陪葬物品。遗憾的是，尽管在制作木乃伊取出内脏的切口处贴有护身符，木乃伊还是已经变成了一堆黝黑的粉末。护身符是一块上面绘有荷鲁斯之眼和他四个儿子的金板，它拥有预防的能力，能避免木乃伊的解体。

1941 年 4 月 16 日，人们打开了第二堵很可能遮蔽着一个墓室入口的墙，墙上有阿蒙尼莫普国王的图像。和表述中的一样，墓室和随葬品都未经人为破坏，墓主人是阿蒙尼莫普，这是一座可同普苏森尼斯一世墓比肩的宝库。德国开始进攻时，皮埃尔·蒙特回到了法国，但是在 1945 年二战结束前夕，他又回到了塔尼斯。对材料更加细致的研究表明，阿蒙尼莫普石棺先前属于普苏森尼斯一世的王后穆特奈德杰梅特（Moutnedjmet），封闭在墓室内部的空间是专门留给他们的儿子安赫芬穆特王子（Ankhefenmout）的，但从未被占用。

塔尼斯黄金面具

温德巴恩德面具 镶嵌在黄金上的彩色玻璃在眼眉部仍有迹可循，在某一天让将军平和的面部焕发出生机。面具有一处别具一格的地方：巨大耳朵的耳垂有穿孔，这是第三中间期在底比斯消失的新王国时期的时尚。高 22 厘米（现存开罗埃及博物馆）。

阿蒙尼莫普面具 镶嵌有准宝石的黄金青铜面具。从石棺上拆下来的面具呈现的是君主孩童时期的样貌。面部悲伤的神情让人惊奇，同埃及人观念中强烈的憧憬冥间生活的情感形成鲜明对比。高 30 厘米（现存开罗埃及博物馆）。

舍尚克二世面具 甚至没有镶嵌彩色玻璃，这个面具（塔尼斯出土的保存最差的面具）却依然彰显了法老的威严。黄金的耀眼光芒使法老微笑从容的神情更富有感染力。和温德巴恩德的面具一样，耳垂有穿孔。高 29 厘米（现存开罗埃及博物馆）。

1946 年，当人们准备正式公布这些发现时，建筑师亚历山大·莱辛（Alexandre Lecine）在普苏森尼斯墓穴的东南角发现了一处墓穴。新一轮的考古活动使普苏森尼斯治下温德巴恩德将军的墓葬得以重见天日。部分随葬品的精美程度超过了普苏森尼斯墓中的随葬品或者超过了霍华德·卡特在图坦卡蒙墓中发现的衣饰的精美程度。艺术品之间的比较难以界定且不妥当，哪怕它们出自同一种文化且时间上又相隔不远。然而，在霍华德·卡特的考古工作仍备受赞扬的时代，塔尼斯帝王墓葬群的发现不可避免地要同图坦卡蒙墓有一个简单的比较。虽然图坦卡蒙的

永恒的珍宝

尽管塔尼斯的法老们摒弃了规模宏大的墓葬风格，但他们墓中随葬品的数目仍旧惊人，包括他们生前使用的私人物品、器具和一些时间也不能减损其美丽的稀世珠宝。这些随葬品现均存于开罗埃及博物馆。

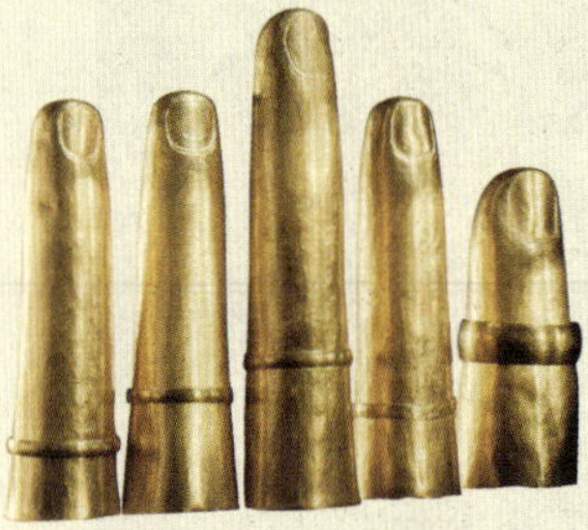

普苏森尼斯指套 普苏森尼斯法老的手指和脚趾上都戴有轧金指套，如上图所示。在木乃伊旁我们还发现了戒指和指环。装饰有虚假戒指的指套不仅能保护手指，还能将指甲固定在恰当的位置上。

普苏森尼斯手镯 材质四种：黄金、青金石、玉髓和长石。镶有宝石的主要材质金箔上有两处铭文：一处在手镯内侧，一处在手镯外侧。记有王衔的内侧铭文上法老自比为战神蒙图（Montou）。外侧铭文包含先知阿蒙神-拉的王衔和称号。外径 12.2 厘米。

温德巴恩德奠酒器 这件金银质地器物因四朵模糊的云彩沉浸在鱼和莲花之间，名“云样奠酒器”而闻名遐迩。精巧的金丝镂空和居中亮眼的景泰蓝玫瑰线形成鲜明的对比。铭文是国王对将军的悼念。直径 18.2 厘米。

普苏森尼斯胸饰 胸饰下部是黄金，会让人想到神庙的外观，其上镶嵌有玉髓、长石、红碧玉和青金石。伊西斯和奈夫提斯（Neftis）确保国王的化身朝阳能升上天幕。胸饰下部的层柱和伊西斯结增强了这个美丽护身符的魔法作用。宽度 13.5 厘米。

普苏森尼斯的圣翼甲虫手镯 手镯分为两部分，其通过合页和搭扣连接，其材质为黄金、玉髓、青金石和绿色长石。象形茧和两只象征朝阳凯布利神（Khépri）的圣甲虫处点缀有珠宝。圣甲虫用足锁住太阳圆盘。高 7 厘米。

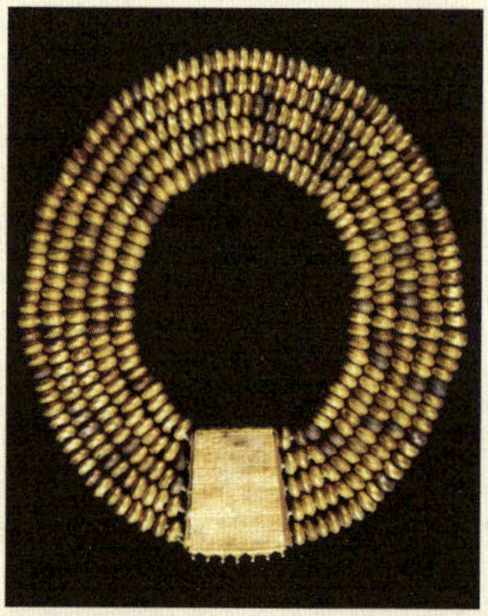

普苏森尼斯项链 项链由相连在一个盒子上的五圈小金环组成，盒子上还悬挂有放于背部的配重小链条。这条项链像是法老的赏赐之物。对于法老的赏赐，大家所熟知的名字是用以嘉奖达官显贵的“赐金”。盒子上刻有王衔。

黄金面具举世无双，但是塔尼斯金银工匠的鎏金技艺完全比得上底比斯前辈们的技艺。普苏森尼斯墓和温德巴恩德墓中的金瓶和金盘在任何时候都是埃及金银器制品中最精致的。图坦卡蒙可从来没有用过这样的酒樽。

牢记“下一个才最好”，从中王国工匠们的作品中，我们看到的是永不会过时的炉火纯青的技艺和登峰造极的艺术造诣。

奥索尔孔上身石像

这是下部刻有象形茧和腓尼基铭文的法老石英雕像。

第 47 页 刻有神话人物的护身符。（这两件物品现存于巴黎罗浮宫博物馆）

利比亚王朝

新王国初期，利比亚人频繁现身埃及境内，拉美西斯三世执政后其人数更是急剧增加。和之前的希克索斯人一样，利比亚人也采用缓慢和平的方式对埃及进行渗透，他们甚至还成为军队的主力。持续不断的利比亚移民占据了靠近埃及的天然门户，即从三角洲到赫拉克里奥波利斯古城（Héracléopolis）这一地区。

没有什么能够阻挡外族利比亚人不断地涌入埃及，他们中的大部分都来自两个不同的民族：利布人（Libous）和美什维什人（Mâ 或 Méchouech，古埃及时 Mâ 是 Méchouech 的缩写）。麦伦普塔赫时期，以族长领导的家族为单位是利比亚人的组织形式，他们还曾尝试秘密入侵埃及，但英勇的王位继承者拉美西斯二世的儿子将他们抵御在国门之外。然而，由于法老和底比斯阿蒙僧侣“共同执政”，互相掣肘，第二十王朝塔尼斯王朝日渐羸弱，给了利比亚人向上埃及扩张机会。

第二十二王朝的法老们

公元前 945 年—公元前 924 年
舍尚克一世（赫杰凯帕拉 Hedjkheperrê）
《圣经》中的示撒王（Sésac）。

公元前 924 年—公元前 889 年
奥索尔孔一世 （塞赫姆赫普瑞 Sekhemkheperrê）
他开始在布巴斯提斯城修筑大型建筑工事。

约公元前 890 年
舍尚克二世 （赫卡赫佩雷 Heqakheperrê）
在同父亲共治期间逝世。

公元前 889 年—公元前 874 年
塔克罗特一世 （Takélot Ier）
他同腓尼基人建立了商贸关系。

公元前 874 年—公元前 850 年
奥索尔孔二世 （欧赛尔马特雷 Ousermaâtrê）
哈斯里斯（Harsieris）自称为法老。

公元前 850 年—公元前 825 年
塔克罗特二世 （赫杰凯帕拉）
玛的族长独立。

公元前 825 年—公元前 773 年
舍尚克三世 （欧赛尔马特雷）
三角洲地区四分五裂。

公元前 773—公元前 767 年
皮迈王（Pimay）(欧赛尔马特雷)
出身不详的国王。

公元前 767—公元前 730 年
舍尚克五世（阿赫普瑞 Aakheperrê）
仅仅控制三角洲的部分地区。

公元前 730—公元前 715 年
奥索尔孔四世 （阿赫普瑞）
同法老皮耶（Piânkhy）共处同一个时代。

美什维什人来自猫女神芭斯特（Bastet）的崇拜中心——布巴斯提斯城（Bubastis）。强大的玛族酋长奥索尔孔（Osorkon l'Ancien）同国王阿蒙尼莫普和西阿蒙都维持着密切的关系，虽然我们无从得知是不是姻亲关系使他们联合起来。长者奥索尔孔的侄子，也可能是儿子的舍尚克一世开创了第二十一王朝，成为拥有利比亚血统的埃及国王。奥索尔孔同孟菲斯僧侣阶层修好，并利用迎娶公主建立的裙带关系在三角洲和整个下埃及地区获得了巨大的影响力。联姻使利

比亚血统的美什维什人同埃及王室子嗣的关系亲密起来。至于舍尚克一世，他将走得更远。他通过武力威慑强行成了国王信任之人，可能出于这个原因，普苏森尼斯二世撒手人寰后，他就登上了王座。然而舍尚克的即位似乎并不受底比斯管理者的待见，即不受第一先知领导的阿蒙僧侣或者阿蒙大祭司的喜爱，他们在官方文书中会规避舍尚克的帝王身份，继续称其为玛族酋长。为了巩固权威且使王朝得以名正言顺，舍尚克让他的儿子，即未来的国王奥索尔孔一世迎娶普苏森尼

舍尚克一世的胜利

在布巴斯提斯卡纳克神庙的正门上，舍尚克一世找人雕刻了浮雕，详述了他在巴勒斯坦取得的胜利。在这张细节图上，战败者被表现为亚洲人的样子——尖尖的下巴，举起手臂，被法老打败后现身在阿蒙神面前。

斯二世的女儿马特卡雷。而平息他在阿蒙僧侣内部激起怨恨的最有效手段，是任命他的儿子尤普特（Ioupt）为第一先知阿蒙、上埃及的管理者和军队统帅。就这样，第二十一王朝皮努杰姆一世首次成功使用的政治策略再次被使用了，它也是舍尚克一世的后继者们会沿袭使用的一种权术手段。

除了几处细微的差别外，利比亚血统的法老们已经完全埃及化了。他们定都塔尼斯并归葬此处，只是依旧保留泄露了他们来自远方血统的名字。从长相学方面来看，定居埃及的利比亚人是比较容易辨认的。事实上，像故国昔日的祖先一样，利比亚人喜欢在头饰上装饰两根羽毛。同第二十二王朝的其他诸王一样，由于缺乏足够的记录资料，舍尚克一世的帝王列传也留下了太多空白。记录了国王名字的文献主要是卡纳克神庙的石碑和浅浮雕，尽管其上着重描述的是阿蒙神-拉大祭司们的日常生活和宗教活动。

占领耶路撒冷

舍尚克一世在位期间努力恢复君主制的权威和声望，军事征服是最好的方法。当时，埃及和耶路撒冷王国的关系远称不上友好。于是，舍尚克一世抓住巴勒斯坦爆发内乱的时机兵临城下。《圣经》证实了这些事情。先知亚希雅（Ahiyya）预言：以法莲（Ephraïm）部落的耶罗波安（Jérobaom）将推翻所罗门王的统治，荣登大宝。但是耶罗波安领导的起义并没有荣膺胜利的皇冠，国王欲置其于死地的耶罗波安来到埃及寻求庇护。舍尚克一世安排他住在王宫内，直至公元前930年所罗门王离世。君主一逝世，耶罗波安就返回故土，聚合以色列十二部落中的十个部落，建立了以色列王国。另外的两个部落联合在一起组建了由所罗门王的儿子罗波安（Roboam）统领的犹大王国。两个王国建立还不满五年的时候，舍尚克一世决定碰碰运气，袭击了犹太军团。在《列王纪》（第一章第14、25、26节）中，我们可以看到："罗波安统治第五年，埃及国王示撒王（即舍尚克一世）发兵北上，攻打耶路撒冷。他（舍尚克一世）带走了皇宫内院里的耶和华（Yahweh）和国王居所里的珍宝，带走了全部。他带走了所罗门王打造的黄金盾牌。"

舍尚克一世在巴勒斯坦大获全胜的战事记述被刻在了卡纳克神庙的围墙上。今天这些铭文已经剥蚀很严重了。耶路撒冷的名字并没有出现在法老攻克的亚洲城池名单中，这很可能是因为它被记录在已经损毁了的那部分墙壁上。我们不知道这次军事行动的任何细节，而且由于信息的缺乏，我们也无从得知耶路撒冷有没有被包围。在美吉多（Megiddo）堡垒中发现的舍尚克一世让人雕刻的巨大石柱，也没有给出与这场战事有关的哪怕细枝末节的信息。

同占领耶路撒冷并掠夺圣殿财富有关且让人印象深刻的另一事件是：人们猜想远征军将约柜带到了埃及。多亏了法国埃及学家让·约约特（Jean Yoyotte）的研究，我们才能弄清楚这个片段完全是现代考古学的杜撰。《圣经》并没有提及约柜的消失，它只是明确表示约柜里藏有上帝与以色列人订立的契约。但是不管怎样，舍尚克一世征伐亚洲诸城都获取了大量战利品，埃及由此富裕起来了。这也是蒙特能在塔尼斯帝王墓葬群处发现宝库的原因。

舍尚克一世：工事建造者

从亚洲凯旋后，舍尚克一世制订了一个宏伟的建筑规划，以感谢让他获得胜利的神祇。而且他也希望自己的丰功伟绩能留下痕迹，名字能被书写在王座上伟大的征服者们之列。于是他在卡纳克扩建阿蒙神–拉的神庙，在第二道塔门前修建了占地辽阔的、后被称为“布巴斯提斯庭院”的院子。他的儿子阿蒙第一先知尤普特亲自主持指挥工事的修筑。舍尚克一世还让人在昔日被称为伊佩特–伊苏特（Ipet-isout）的卡纳克神庙内修筑“宴会厅”，并在第三道塔门和中王国时期修建的圣殿之间立起石柱。在石柱上，舍尚克一世再现了他征战亚洲的功业，显示出他模仿拉美西斯二世风格的意愿，他希冀在自己建造和侵占的宏伟建筑群上铭刻的功绩能够永垂不朽。石柱的位置距离图特摩斯三世的年鉴大厅不远，这明明白白地反映了他想同帝国的伟大缔造者比邻而居的意图；仿照图特摩斯三世建造的阿克–摩努（Akh-Menou[11]）大厅的样子，他在始建于中王国时期的圣殿东面建了“宴会

[11] Akh 是古埃及人认为的灵魂的一部分，意即“不朽的自我”。——译者注

芭斯特女神和布巴斯提斯城的猫墓葬群

古埃及人相信神会化身为他们身边的动物。他们认为这些动物是神圣的，要给予它们特殊的关照。其中一种动物是猫，在三角洲的布巴斯提斯城，现在的泰勒拜斯泰城（Tell Basta），它代表着女神芭斯特。

在已毁坏了的古老的芭斯特神庙附近坐落着一块面积广阔的墓地遗址，这里的坟墓既有泥砖垒砌的简单坑洞，亦有结构复杂的墓穴，形式不一而足。在这些墓穴中，我们发现在一些大人物的木乃伊旁葬有猫的木乃伊。在布巴斯提斯城，昔日的培尔-芭斯特城[12]（Per-Batet），猫的死亡等同于人的逝世，这些柔媚的动物离世时人们会为其举行葬礼。为将其入土为安，人们使用制作人类木乃伊的绷带技术将这些猫制成木乃伊。考古学家们出土的一些猫木乃伊上覆盖着彩色纸莎草纸，类似于保护人类木乃伊的纸板外壳。这层纸莎草纸像棺材一样盖住猫的整个躯体，或者只覆盖它的头部，人们还在纸莎草上勾画一些非常写实的猫的形象。放置在石棺中的猫被抬送到芭斯特神庙，人们在那里为它举行葬礼。在布巴斯提斯，人们是如此崇拜猫，以至于大家在争相传诵这样的故事：罗马时期，一名士兵意外杀死了一只猫，当地居民怒火中烧，因此他需要一队人员护送才能安全。图片上是被保存在巴黎罗浮宫博物馆中的一些猫的木乃伊。

[12] 意为"芭斯特的家"。——译者注

大厅”，更进一步确认了上面所说的意图。需要明确指出的是，上面谈到的“中王国时期的圣殿”并不是我们现在所看到的这片空旷广阔的场地。这里曾高耸着一座甚至几座神庙，早在遥远的第十二王朝时期，它们使卡纳克地区成为信仰阿蒙神的宗教中心。这并不出人意料。其实，第十二王朝留存了一座神庙，即国王阿蒙涅姆赫特（Amménémès）三世和四世在法尤姆地区（Fayoum）修建的献给索贝克[13]（Sobek）和列涅努忒（Rénénoutet）的神庙。一贯以来，为了能在原址上使用原有的建筑石砖重建新的宗教建筑物，这些古老的圣殿都会被拆除，所以这并不是卡纳克神庙见证过的唯一一次覆灭。

除了卡纳克神庙的宏大建筑群外，舍尚克一世还在埃及中部即今天的希比村庄（localité d'El Hibeh）建造了一座神庙。他还决定重新开放格贝尔·西尔西采石场(carrière de Gebel Silsileh)，建造卡纳克神庙柱廊庭院所使用的埃及最好的砂岩就采自此处（我们把这种因内部含有氧化铁而呈现特殊粉色的沙质石块称为“埃及砂岩”)。舍尚克一世也进行了一些修复工程，包括把阿匹斯公牛[14]（Apis）制成木乃伊的工坊、孟菲斯神庙、塔尼斯和布巴斯提斯的圣殿，今天这些建筑就只剩下遗存的痕迹。

历史不会忘记，正是法老舍尚克一世的功绩才使埃及的名字再一次响彻帝国边陲。他在位期间，获得的战利品使国家实现了财富的累积。第二十二王朝的开国之君最终重新统一了分裂的埃及，其成功的主要助力也是始终贯穿整个埃及历史的政治手段——联姻所结出的硕果。同时，他在一定程度上恢复了对努比亚领地的控制。然而并不能断言这块遥远的“黄金之地”又回到了埃及的怀抱。

舍尚克一世的继承者们

舍尚克一世驾鹤西去后，他的儿子奥索尔孔一世登上了王座，并沿用其父的治国政策。奥索尔孔任命儿子舍尚克为阿蒙第一先知，代替奥索尔孔的弟弟尤普特。

[13] 亦译为苏贝克，古埃及神祇，鳄鱼之神，担任法老的守卫者。——译者注

[14] 埃及人相信供奉在孟菲斯的创造之神普塔是以公牛的形象现世的，这就是人们说的神牛阿匹斯。当一头神牛阿匹斯死后，神会将自己转移到另外一头牛身上去。——译者注

新国王试着巩固王朝的延续，不久他让儿子与他一起执政。未来即位的舍尚克二世的母亲是马特卡雷王后，即拉美西斯二世的女儿，由此王朝统治的正统性得到了永久保障。实际上，奥索尔孔曾试图阻止尤普特一脉在底比斯形成又一祭司朝廷，以期避免再犯前朝初立时统一的权力被分裂的过失。然而，这项伟业不可能一蹴而就。事实是，任命刚一下达，舍尚克二世就重拾某些不良的家族习惯：自称为上下埃及的王和军队统帅。不仅如此，他还让人把他的名字写在象形茧内。人们由此得以洞悉阿蒙僧侣持续拥有着权力，同时也了解了利比亚国王的软弱。然而，在这样有利的情况下，舍尚克二世的态度却仅仅展示着傲慢和虚荣，帝王权力仍为奥索尔孔一世握持。

至于建筑活动方面，国王奥索尔孔继续进行父亲建造的卡纳克神庙内部庭院的装潢工作，完成了其父在位时开始修建的希比神庙工程。在布巴斯提斯，他建起了两座圣殿，一座专门供奉城市之神——芭斯特，另一座则为太阳神阿吞的象征——太阳圆盘而建。法老意识到了必须使阿蒙僧侣心满意足，于是他未雨绸缪，优待卡纳克地区和布巴斯提斯城的祭司。但是他十分忌惮重要城池的祭司，这些城池长期以来都是上下埃及的最重要所在，例如：赫利奥波利斯[15]（Héliopolis）、孟菲斯和赫尔莫波利斯[16]（Hermopolis）。他还在法尤姆和阿比多斯（Abydos）地区建造了其他建筑物，他的祖父尼姆洛特（Nimlot）的雕像落成时，人们还举办了一场葬仪。

向某人的雕像致敬，意味着通过话语使已经离世的生灵复生。其实虔诚地举办这一仪式能给雕像注入生机，自此雕像不再是简单的像，它将带有其所描绘的那个人的至关重要的生机。这种宗教仪式从上古时期就一直延续着。不久，人们把这个仪式应用在死者身上，并赋予其众所周知的名字——“开口”，更确切地说是在头脸部位开七窍，以便逝者在冥间能看、能吃、能说、能听、能感受。仪式在“金屋”内举行，即神庙内人们雕刻皇家雕像的作坊。

[15] 位于下埃及，被称为太阳城。——译者注
[16] 该城市崇拜托特神。——译者注

一桩意想不到的事件给奥索尔孔一世执政的末期罩上了阴郁的色彩：在他离世前不久，他的儿子舍尚克二世突然死亡，被埋葬在塔尼斯。王位旁落到了塔克罗特一世的身上，这是一个地地道道的利比亚人，母亲是法老的嫔妃；大祭司的职务则转归塔克罗特一世的兄弟乌韦洛特（Iouwelot）手中。

黑暗时代

关于塔克罗特一世的资料完全缺失，而且任何神庙或葬祭庙都未曾记录他作为建造者的事实，使这位君主成为埃及历史长河中幽灵似的国王之一。乌韦洛特的情况与他如出一辙。我们唯一了解的是，舍尚克一世的孙子舍尚克

布巴斯提斯：利比亚诸王之城

第二十二王朝法老的出身可上溯至赫拉克里奥波利斯古城。但是由于王朝最初的几个法老都出自布巴斯提斯城，因此对于他们装点美化布巴斯提斯城，特别是城市保护神芭斯特女神的神庙，我们并不感到意外。

奉神祭司：宗教仪式和祭品

为了使世界不再重归混沌，祭司须操持一系列重大的祭祀仪式，小到每天的祭品敬奉，大到一年一度的宗教节日。每一座神庙都拥有大量的祭司僧众，他们被划分为多个层级来执行这些仪式活动。先知占据最高等级，“纯洁者”[17]（le prêtre pur）或“卡的仆人”（ouâb）是最低级别的祭司。“纯洁者”负责摆放食物祭品、清洗神像，并给神像穿衣、涂抹神油。还有诸如负责测算祭祀活动日子的天文祭司和照管葬礼的塞姆（Sem）祭司等专职祭司。每次举办祭祀活动时，样式鲜明的祭司着装也是繁复仪式的一部分。因此，“诵经祭司”[18]（le prêtre lecteur）被等同为巫师也就不足为奇了。如右图所示，祭司棺材上的场景展现的就是一位称为阿蒙·安赫芬孔苏（Amon Ankhefenkhonsou）的祭司正在敬奉祭品（现存开罗埃及博物馆）。

欧西里斯面前的逝者

向冥神欧西里斯敬献祭品是陪葬器物上非常典型的装饰画，比如盛放替身俑乌什布蒂的盒子上面就有这种装饰画（现存巴黎罗浮宫博物馆）。

[17] 也译作净化祭祀。——译者注

[18] 诵经祭司是古埃及地位较高的祭司，在神庙和丧葬仪式中阅读朗诵宗教文献和咒语等，尤其出现在国王的加冕仪式中的诵经祭司大多来自王室家庭，他们的身份标志是手持纸草卷等。——译者注

❶浇祭　祭祀仪式之初，人们先用养育埃及人民的圣河尼罗河的河水进行浇祭。

❷芳香锥　值节日和祭祀仪式时，祭司头顶上会放置椎体形状的芳香油脂，任其融化流到头发和衣服上。

❸猫科动物的皮　祭祀时在白色祭服外面披上非洲豹皮，这是葬仪祭祀的典型着装。

❹祭品　人们遵照严格的秩序把祭品一一摆放在神像面前的祭桌上：先摆鲜花和水果，再放肉类，最后是面包和糕点。

❺欧西里斯-拉神　祭品是供给欧西里斯-拉神的，他是冥神和拉神的结合，出现于新王朝时期。该神头戴太阳圆盘冠饰，手执权杖和鞭子。

❻瓦吉特（Ouadjet）女神　眼镜蛇女神，负责打败欧西里斯-拉神的敌人，图片上她被描绘成了隼头蛇尾的形象。

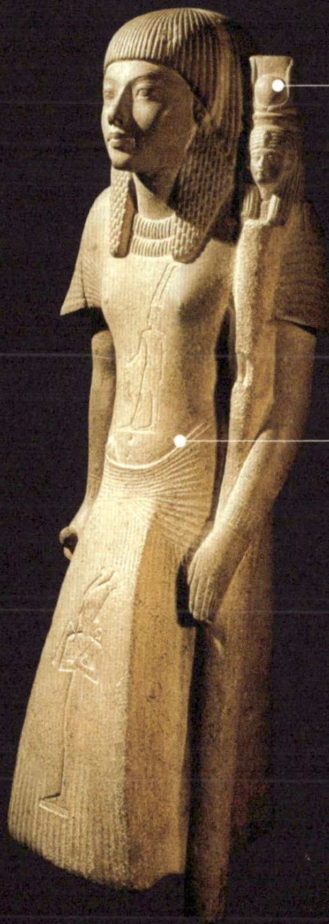

雕像被认为是侍奉伊西斯女神或哈托尔女神的祭司的全身像；女神的头出现在旗帜上。雕像被舍尚克二世侵占，发现于卡纳克的阿蒙神庙。

在祭服的上部，刻画的阿蒙神头部戴有插有两根羽毛的冠饰；在雕像大腿部位，欧西里斯手握象征着权力的权杖。

二世继承了塔克罗特一世的王座，且前者的堂兄哈斯里斯成为大祭司。

正如处在最后的拉美西斯国王消亡的时代，埃及再次陷入一个未知的旋涡中。正统性备受争议且羸弱无能的王权，使舍尚克一世在位时国家威望的短暂恢复再度倾覆。这种岌岌可危的局面有利于诺姆区[19]内强大氏族集团的崛起。各诺姆区盘算着割据一方，把稳定的国家社会政治局面置于危险的境地。已经弱化了的王权分裂危险再次笼罩着埃及。事实上，哈斯里斯憧憬着建立一个全新的神权王朝并向王座发起挑战。塔尼斯和底比斯因利益冲突再次对立起来了。奥索尔孔二世执政的第四年，一直让人提心吊胆的危险成为现实：哈斯里斯自称“现身底比斯的胜利者荷鲁斯”——皮努杰姆一世曾僭越使用过这一王号。对于奥索尔孔二世来说，神的恩德是他的堂兄哈斯里斯先他一步撒手人寰。于是奥索尔孔二世乘机任命他的儿子尼姆洛特（Nimlot）为阿蒙大祭司。后者当时已经是赫拉克里奥波利斯城荷鲁斯哈尔舍斐斯神（Harsaphes）的大祭司以及该城的驻军将军。长期以来，作为王室家族分支摇篮的赫拉克里奥波利斯古城一直是王子的封地。于是集宗教、行政和军事权力于一身的尼姆洛特成了整个上埃及的全权管理者。奥索尔孔二世实行家族政策，授予他的另一个儿子舍尚克“普塔工匠大师”称号，该称号起源于孟菲斯，等同于底比斯的阿蒙第一先知。他在塔尼斯做出同样的举动，任命他的第三个儿子、当时还未成年的霍纳克特（Hornakht）为塔尼斯的阿蒙大祭司。其实，今天我们已知霍纳克特未满十岁就早逝了。这种任命制的政策符合国王想掌控埃及境内所有战略区域的意愿，在此之前这些区域都被地方氏族所控制。君主制度开始分秒必争地阻挠不在当权王朝管辖范围内的各诺姆区的上位。

奥索尔孔二世治下第二十二年为庆祝其统治年限，他大赦天下，举办了赫-赛德节（Fête de l’Heb-sed），该典礼的目的是使国王的身体和精神面貌都焕然一新。节日当天，法老戴上象征埃及南北一统的双色王冠，并邀请所有诺姆长官（即以法老的名义管理各诺姆区的官员）一同出席。按照传统，这个节日应在统治满三十年时举办，之后每十年举办一次。然而，正如我们在年鉴上看到的那样，法老几乎从

[19] 古埃及的行政单位，相当于中国古代的“郡”“州”。——译者注

法老奥索尔孔二世的黄金青金石三联神组件

奥索尔孔二世的三联神组件是那个时期最杰出的艺术作品之一。我们并不了解这个通高只有 9 厘米的物件的作用。一些研究者认为它可能是一个还愿物，但另外一部分人却认为其背部的圆环表明它是被佩戴在胸饰上的。这件工艺品因珍贵难寻的材质和高质量的制作工艺而成为埃及古代金银制品中一件真正的杰作。

该物件塑造的是最受埃及人民敬仰和喜爱的三联神。在奥索尔孔二世统治期间，埃及人民对三联神的崇拜迈上了一个新的发展阶段。用制作木乃伊的细带子紧紧包裹着的欧西里斯处于中间，他头戴插有两根羽毛的白色王冠，蹲坐在青金石制成的支柱上。这种呈现形式让人想起了象征着逝者复活的立方体雕像。欧西里斯身旁是他的儿子荷鲁斯和他的妻子兼妹妹伊西斯，这显示了法老的权力。其中，荷鲁斯隼头人身，头戴双王冠；伊西斯头上则高耸着太阳圆盘双角冠。二者双臂弯曲呈保护动作靠向欧西里斯。也有一些研究者认为中间的人物被塑造成了欧西里斯的奥索尔孔二世。

来不曾遵守这个确定的时限，而且他们只要一担心诺姆长官起义暴动就会宣布举办赫-赛德节。因此，赫-赛德节代表了一种驭内的手段，它既迫使潜在的起义者走到台前，又予乐于民。几个世纪后，罗马人采用相似的方法来庆祝传统节日“面包与马戏”[20]（pain et jeu de cirque）。为了这一盛事，奥索尔孔二世扩建了布巴斯提斯的芭斯特神庙，为其配备了一座庭院，君王可在其中象征性地礼仪巡视，以此彰显君王对整个国家的绝对统治。雕刻在庭院墙壁上的文字仍然清晰可见，神庙捐税被免除的记录赫然其上：国王清空本就不充裕的国库，以期换取王朝的长治久安。优待帝国僧侣的政策通过建造或者扩建圣殿的途径得以落实，譬如奥索尔孔二世找人在塔尼斯阿蒙神庙前面修建了庭院。后世的考古学家将在这里发现带有石碑的国王雕像，其上刻有一段影响重大的文字：这位国王，埃及真正的法老，恳求阿蒙神降下神谕，向其确认他的政策是合理的。我们猜想，答案肯定是一目了然的。除了描绘在麦地能·哈布城拉美西斯三世葬庙欧西里斯祀堂上的远古场景，人们还见到了从未出现过的一幕：场景中，酷似农民的拉美西斯三世正同其他人一起在欧西里斯的田地里耕耘，而他头上还戴着象征埃及南部的白色王冠。昔日国王高高在上的形象还剩下什么呢？已经消失不见或几乎要消失殆尽了。

在靠近卡纳克神庙围墙南墙的地方，奥索尔孔二世为欧西里斯修建了一座小祀堂。人们在第六道塔门附近的庭院墙壁上，也发现了与他相关的两处铭文的遗迹。规模极小的其他工程证实了他的建筑活动曾遍及孟菲斯和莱昂托波利斯（Léontopolis）。

在埃及国门之外，舍尚克一世远征巴勒斯坦的军事胜利带来的震动已经荡然无存。又一次被邻邦无视的埃及逐渐陷入孤立的危险边缘。与此同时，外部诸国中一股新势力的崛起预示着埃及的对外方针将发生翻天覆地的转变。这股新势力就是既精明能干又杀伐果断的国王阿述而纳西尔帕二世（Assurnazirpal Ⅱ）治下的亚述帝国。埃及法老试着加强他同比布鲁斯统治者之间的联系，这一地区为埃及提供雪

[20]“面包与马戏”出自公元2世纪初的古罗马诗人尤维纳利斯（Juvenalis，其作品讽刺罗马社会的腐化和人类的愚蠢）的著名警句，它讽刺了当时的贵族用免费的粮食和流行的娱乐（角斗场的演出）来安抚和拉拢平民即自由无产者的政策。——译者注

奥索尔孔二世的象形茧

两个带有国王王衔的象形茧出现在法老奥索尔孔二世的三联神组件底座上，其左角处是由象形文字写成的铭文（现存巴黎罗浮宫博物馆）。

松木材，但是这场努力徒劳无果。与之相反的是，埃及和控制地中海海上贸易的腓尼基船队的关系却得到了改善。

底比斯神权政治的崛起

拉美西斯二世的儿子卡哈蒙瓦塞特（Khâemouaset），是孟菲斯信奉普塔神的僧侣。他虽然远在孟菲斯，但深谙底比斯和塔尼斯之间的阴谋诡计，仍然在其所辖地域内保有威望。可能就是因为这个，普塔大祭司舍尚克才被他的父亲指定为塔尼斯王座的继任者，但是命运却安排他在称王前去世了。他的弟弟塔克罗特二世因此得以荣登宝座。

由于没有或几乎没有任何与他相关的神庙建筑或历史事

沙芬索丕特（Shapen-sopit）公主

她是奥索尔孔二世的孙女，有着“阿蒙神拨浪鼓[21]（sistre）女演奏者”的称号。第二十二王朝时期，大部分的王室女性成员都占据着颇具声望的宗教职务。这位公主的坐像被发现于卡纳克神庙（现存开罗埃及博物馆）。

卡罗玛玛（Karomama），阿蒙神的首席女祭司（第63页）

这是奥索尔孔二世的孙女卡罗玛玛的青铜雕像，其上镶嵌有金银（现存巴黎罗浮宫博物馆）。

件的记录留存下来，塔克罗特二世的统治仍不为人知。与之相反的是，自尼姆洛特被奥索尔孔二世任命为阿蒙第一先知，成为赫拉克里奥波利斯古城中最具实权的人物后，他赢得了声望。尼姆洛特把赫拉克里奥波利斯城的统治权交给了儿子杰德普塔希凡克特（Djedptahiefânkh），并让他的女儿卡罗玛玛·梅里特穆特（Karomama Meritmout）同新君主塔克罗特二世结为连理。政治利益考量的联姻再次巩固了底比斯和塔尼斯的统一，即便这是以家族处于极不光彩的境地为代价才实现的。尼姆洛特在担任圣职期间，将多位塔尼斯王室公主嫁给底比斯身居高位的大人物，以达到维持埃及境内和平的目的。他的女儿卡罗玛玛和他的同父异母兄长塔克罗特的结合似乎甚合他意！塔克罗特也因此成了他的女婿！

人们在卡纳克发现了阿蒙神首席女祭司、阿蒙神之妻卡罗玛玛那让人赞叹不已的雕像，雕像现存于罗浮宫博物馆。这座高59厘米的青铜雕像用失蜡铸造法浇铸而成，它目睹了第二十二王朝的动荡不安。这件难得的艺术品，与艺术发展的时代应该是时局安定、经济稳定增长的观念相悖。这是最早由青铜浇铸而成的大型雕像，其上嵌有由金、银和琥珀金雕刻而成的比目鱼纹样，精美的纹样部分的铸造离不开高超的艺术水平和精湛的金银丝镶嵌技术，这也使得这件青铜器非同一般。作为古埃及艺术长廊中至关重要的一件作品，其炉火纯青的技艺和让人击节赞叹的色调在今天仍然吸引着人们驻足于此，细细凝视，也使人们不

[21] 古埃及的一种形似球拍的打击乐器。——译者注

塔尼斯废墟

塔尼斯城的断壁残垣全景图，图片最前面的是王室墓地。由于第二十二王朝的法老们遭遇经济上的困难，国王塔克罗特二世墓室的情景与他之前的那些君主墓室的富丽堂皇截然不同。

由得想到，对于这个时期的了解其实还只是冰山一角。

强制性的联姻促成的相对和平就这样延续了十几年。塔克罗特二世在位的第十一年，尼姆洛特去世了。但是底比斯的宗教统治即圣职王座并未长时间空置。在这些觊觎者中，塔克罗特二世选中了他认为最可靠的一个。他任命他的儿子即另一个奥索尔孔为阿蒙第一先知。他也被指定为他父亲塔尼斯王座的继承人。于是，在宗教和政治两个方面都拥有最高权威的底比斯储君一边为不确定的未来忧心，一边树立起了自己的威望。

为全面掌权而推行的家族政策激起了底比斯城内势力强大阵营的不满。迎娶王室公主的联姻并不足以平息所有不安分的想法。底比斯起义的突然爆发打破了和平。起义由拥有“现身底比斯的胜利者荷鲁斯”称号的阿蒙第一先知哈斯里斯的孙子哈斯里斯二世领导。但是叛乱并没有波及北方，因为赫拉克里奥波利斯城的王子杰德普塔希凡克特仍效忠于塔克罗特二世。有了军队的支持且确信叛军攻占不了赫尔莫波利斯城后，这位君主遂发兵底比斯。

内战爆发的可能迫使君王采取极端的措施。塔克罗特二世以雷霆手段镇压了起义。他不仅砍掉煽动起义者的头颅，还当众焚烧他们的尸体。在古埃及，焚尸被认为是比死亡还要严酷的惩罚，根据埃及的宗教信仰，火刑处死的人将灰飞烟灭，丝毫没有机会进入冥间生活。然而，国王发放给底比斯僧侣的薪酬俸禄并不能巩固岌岌可危的和平，于是在塔克罗特二世即位的第十五年，内战避无可避地爆发了。

利比亚王朝最后的国王们

在卡纳克神庙的年鉴中，奥索尔孔大祭司花大量的篇幅、用最中肯的视角记录了其担任圣职期间发生的大事。在这些大事记中，他提到了国王统治第十五年时发生的内战：冲突蔓延至整个国家，他本人不得不离开底比斯向南逃亡。同样是以他的视角，他补充道：叛乱的浪潮平息后，他在人民的热烈欢呼中回到了底比斯。为了彻底翻过这一页，奥索尔孔在征得阿蒙神的特许后大赦天下。但是根据讲述人不同的意图，这段历史的描述有多个版本，这与发生在赫梯人（Hittites）和埃及人之间的卡迭石战役（bataille de Qadesh）的记述情况别无二致。正如卡纳克神庙中另一段铭文所载，确信无疑的是奥索尔孔在内战爆发后的前十年没有返回底比斯。具体来说就是，在塔克罗特二世统治的第二十五年，他才重返底比斯。

塔克罗特二世去世后，同样名为舍尚克的共同执政者于即位前也离世了，于是塔克罗特的弟弟舍尚克三世加冕称帝。塔克罗特二世入殓时的石棺取自奥索尔孔二世的陪葬墓室，被再次使用。由此得以窥见当时国库竟亏空至此。尽管如此，塔克罗特二世还是葬入了塔尼斯的皇家墓地。关于舍尚克三世的统治细节，我们几乎一无所知。唯一知晓的是在其统治的第六年，哈斯里斯二世占据了阿蒙大祭司的王座。这不免让人想到，舍尚克在动荡而又灰暗的数年间应该不止一次地背城流亡。

哈斯里斯二世出身不详，关于他的全部信息好像都在合理化他的大祭司职位。由于缺乏更加严谨的解释，我们猜测，他被任命可能是为了支持反奥索尔孔的起义。舍尚克三世执政第三十九年的一段铭文为我们指出，阿蒙大祭司奥索尔孔和他的兄弟在赫拉克里奥波利斯古城的哈尔舍斐斯神大祭司巴肯普塔（Bakenptah）联手战胜了所有敌人。于是巴肯普塔篡夺由尼姆洛特一脉继承的职位成为可能。

正如大家所看到的那样，单一的资料不足以厘清第三中间期混战中的诸多事件。譬如：奥索尔孔是在舍尚克三世执政第三十九年后不久离世的，哈斯里斯二世继承了其底比斯的圣职；正值奥索尔孔被迫流亡之时，哈斯里斯二世已经登上了圣职王座。

如果人们对第二十二王朝末期社会的动荡不安、云谲波诡还记忆犹新的话，那么哈斯里斯阿蒙大祭司的出现就有了一个符合逻辑的解释。争夺埃及境内的权力始终是塔尼斯国王和底比斯大祭司不断争斗的原因。可以说，最重要的宗教中心的神职人员走马灯似的发生变换，其节奏就是循着底比斯和塔尼斯这两座都城遭遇的转变。但是，有一个例外：孟菲斯信奉普塔神的原神职人员仍依照传统效忠塔尼斯王朝一脉。

舍尚克三世统治期间很可能同底比斯社会一直相安无事。具有标志性的两件事实能够解释这暂时的平静。一方面，舍尚克排挤从未受到阿蒙僧侣阶层重视的奥索尔孔。另一方面，舍尚克打破传统，允许底比斯僧侣自由选任阿蒙第一先知。这两个事件为哈斯里斯重掌大祭司的职务创造了有利条件。

第二十三王朝

第二十二王朝末年一位新的君主——帕杜巴特斯（Pétoubastis）——的出现使时局变得更加扑朔迷离。塞本尼托斯城的曼涅托（Manéthon de Sébennytos）把他视为第二十三王朝的开国君主。对于帕杜巴特斯登基时的情景我们所知不多，唯一了解的一点是这位君主出身于三角洲。他于舍尚克三世执政第八年在三角洲的

孟菲斯强大的普塔僧侣

尽管埃及的首都坐落在三角洲，但是在第三中间期，孟菲斯城仍然拥有着强大的影响力。明证就是信仰孟菲斯城市守护神普塔的僧侣法老被授予特权。

利比亚王朝时期普塔僧侣集团对帝国政治有着深刻的影响。第二十二王朝最后的法老们为巩固地位，开始让子女同玛的族长的继承者或普塔神庙的大祭司联姻。同时，为了对抗已经表现出政治野心的底比斯阿蒙僧侣集团，法老更加重视塔尼斯的阿蒙僧侣和孟菲斯的普塔僧侣。为避免仍权倾朝野的大祭司职位落入权贵之手并世袭下去，法老的儿子们被授予这一职位。被称为“工匠大师”的普塔第一先知身披豹皮，佩戴饰有两条胡狼毛皮的项链。他在开口仪式中担任主要角色。旁边的插图：描绘逝者来到普塔神和替身俑乌什布蒂面前。

莱昂托波利斯城称王。根据一些资料记载，这件事发生在阿蒙第一先知奥索尔孔逝世之后。然而，另外一些资料却表明奥索尔孔是在帕杜巴特斯执政期间去世的。但是不管怎样，帕杜巴特斯作为上埃及的国王这件事似乎是被认可的，然而在其统治期间，上埃及的军队统帅却是舍尚克三世的儿子。确信无疑的是，鉴于舍尚克三世仍在世，所以这一时期的埃及是由两位国王共同治理的。

塔尼斯王权和底比斯神权之间愈演愈烈的内部争斗演变

尤普特二世浮雕（第69页）

在这片可能出自某座祀堂的搪瓷浮雕碎片上有尤普特二世的象形茧和形象。莱昂托波利斯的国王是这个时期打破埃及统一的君主之一（纽约布鲁克林艺术博物馆）。

莱昂托波利斯城卡罗玛玛王后的宝石胸饰

第二十三王朝时期，莱昂托波利斯城摇身一变成了法老权力的中心，部分王室成员也归葬于此。在被发现的陵墓中，临湖开挖的一座陵墓墓主是塔克罗特二世的妻子卡罗玛玛王后。这座地下建筑包括两间绘有神话图景的墓室，其中一间墓室内存放着王后的棺木，王后周身穿戴奇珍异宝。

在墓室内的红色花岗岩石棺中，人们发现了一套属于王后的珠宝。其中如上图所示的无比精巧的宝石胸饰更是独树一帜：它由一套精美的黄金三组件构成，其上❶哈托尔女神头戴双角环绕太阳圆盘的冠冕，一手高举意在保护❷造物神库努杜（Khnoum）。这位神祇的形象被刻画成人身公羊头，手持象征生命的安卡，即生命之符，且呈深蹲姿势。青金石制成的这座雕像是这副金色胸饰上唯一的一抹异色色彩。在其右侧，面对着库努杜的是第三个人像❸正义女神玛阿特（Maât）。她头戴太阳圆盘和女神形象的特有元素——一根鸵鸟羽毛。双手必然握持有已经遗失了的某物。胸饰再现了太阳的诞生；库努杜从镶嵌有青金石的黄金❹莲花中出现，被同化为诞生于原初之水莲花中的奈菲尔特姆神[11]（Néfertoum）。除了几处装饰莲花的细节外，宝物的背面全部由黄金构成（开罗埃及博物馆）。

[22] 下埃及早期的太阳神，被视为年幼的太阳神“阿图姆”，后来被视为“普塔”和“塞赫梅特”的儿子。——译者注

成了南北之间的权力对峙。新法老帕杜巴特斯的出现使政治斗争移向北方，在塔尼斯和莱昂托波利斯城之间展开。从第二十王朝到第二十二王朝，第三中间期的大部分国王都会选择拉美西斯二世曾使用过的加冕名，即欧塞尔马特雷-赛特普拉（Ousermaâtrê-Setepenrê，意为“拉的正义是强大的，拉神所选之子”），他们借以此种方式或是另辟蹊径，希望能同第十九王朝能征善战的国王的辉煌成就产生某些联系。帕杜巴特斯循例自称为欧塞尔马特雷-赛特普拉，显然试图同第二十二王朝的诸王一较高下，并在形式上使问鼎王座合理化。第二十三王朝的最后四位国王在选择加冕名时和他们先祖的名字一样。

通常来说，这种全新的局面会加速整个旧的国家机构的衰落。国家内部的经济活力和境外的威名远播总是建立在法老为其化身的国家统一的基础之上。但是此时统一被打破了。毋庸置疑，结果是灾难性的。君权的二元性使底比斯神权集团再次冒头。奥索尔孔就像一只被遗忘在灰烬中涅槃重生的凤凰，再次赢得了国王舍尚克三世的好感，与此同时，帕杜巴特斯任命尤普特一世为阿蒙第一先知。后者很可能是他的儿子，并与他一起执政。政治上和宗教上的无序种子就这样撒播下去。尽管帕杜巴特斯在他的加冕之地莱昂托波利斯拥有绝对的影响力，但是在支持君主的天平上，普塔僧侣阶层却倾向掌控三角洲地区的舍尚克三世。这种局面一直持续到舍尚克三世执政的第二十二年，帕杜巴特斯很可能卒于这一年，因为他的名字再也没有出现在纪念物建筑上。

舍尚克三世的长期执政使他得以主持规模宏大的工程修建。在塔尼斯兴建的工程中，最重要的是阿蒙神庙令人印象深刻的大门和他死后长眠的陵墓。今天在门德斯（Mendès）、塔尼斯城西部、孟菲斯还留存有他的建筑遗迹。

而后，舍尚克四世管理莱昂托波利斯城，其在位时间短暂而又毫无建树。奥索尔孔三世是他的接班人，在位 28 年。在此有必要明确指出的是：国王名字的重复并不一定是继任大统的顺序，继任形式包括国王死亡自然过渡和篡权夺位，譬如，舍尚克三世执政 53 年才薨逝，他的寿命比舍尚克四世长了数十年。因底比斯的权力为当地氏族集团所掌控，故而舍尚克三世把他的儿子也就是共同执政者塔克罗特三世放在了阿蒙大祭司的位置上。后者还身兼赫拉克里奥波利斯城城主的职位。这位王子继任其父王座后独自统治了两年。而塔尼斯的王座却暂时空置了。原因是奥索尔孔三世在位的第三年，尼罗河河水就如卢克索神庙的版画所呈现的那样大肆泛滥。

舍尚克五世接替了名不见经传的皮迈王。这位塔尼斯国王在位期间，其权力范围仅限于塔尼斯这个诺姆区内。自舍尚克三世统治以来，赫拉克里奥波利斯城国王杰德普塔希凡克特的继任者们纷纷被拥立为王。赫尔莫波利斯城尼姆洛特“朝廷”的情形亦是如此。这种策略扩展到下埃及的其他城市，比如塞易斯、赫利奥波利斯、门德斯和塞本尼托斯。大一统的两地国家再次变得支离破碎。舍尚克五世的继任者奥索尔孔四世结束了第二十二王朝的统治。

第二十四王朝

埃及的地势对它的土地组织政策起着决定性的作用。前王朝时代之初国家人口稀少，以独立小团体为组织形式的埃及人民能够自给自足。但是随着气候环境的变化，为获得领地控制权而进行的武力争夺和国家的形成，始终凝聚着集体努力结晶的水源分配政策和水渠灌溉管理体系臻至成熟。因为只有尼罗河河水冲积形成的三角洲以及尼罗河河谷这两块截然不同的土地统一于一个首领之手，埃及才会繁荣。这些所谓的“中间期”，确切地说是同国家积贫积弱、政治行政管理混乱的分裂时期相呼应的。

第二十四王朝建立之初，多元权力集团统治导致的种种灾难性弊端显露无遗。埃及，尤其是三角洲地区，解体成由诺姆长官领导的独立集团并各自制定自己的法律。面对可能发生的外敌入侵，古埃及处于劣势。但是边境却相安无事，原因是敌人还没有强大到能确保战争稳赢不输。在西三角洲独立的诺姆区中，塞易斯城因其重要的宗教作用[23]和特殊的战略位置显得出众。于是这座城的王子，野心勃勃而

[23] 塞易斯城的守护神是战神涅伊特（Neit 或 Neith），早期埃及神殿中的女神。塞易斯城自第一王朝时起，就成为三角洲西部地区涅伊特神的崇拜中心。——译者注

三角洲地区政权的分崩离析

据统计，后埃及时期，上、下埃及分别有22个和20个诺姆区。随着法老集团的日渐势弱，诺姆长官树立起了威望。

在第三中间期，尼罗河河谷区域被明确划分成42个小的行政单位。在上埃及地区，诺姆区的数量同古王国时期一致，而在三角洲地区，土地则被分成了由其他领主控制的郡县，诺姆区的数量因而增加了。阿蒙僧侣同居住在三角洲地区的法老们的冲突导致王国不稳定，雪上加霜的是土地的四分五裂又加速了行政机构和政府机构的瓦解。从根源上来说，土地的划分和诺姆长官的职权主要是与农业组织联系在一起的：在三角洲，诺姆区是沿着尼罗河支流和水渠而建立的，诺姆长官负责河水泛滥后“开挖水渠”。然而随着王权的日渐式微，诺姆区肩负起了行政职责和政治职责，部分诺姆区声望极高以至于诺姆长官想要取代君主，自立门户。自第二十二王朝以来，利比亚血统的法老们就不得不应对三角洲的诺姆长官或者重要城池的王公贵族挑起的起义。到第二十三王朝和第二十四王朝时期，一些诺姆长官自立为王。这就是编撰这个时代的埃及朝代编年史工作很复杂的原因，因为清晰明了地指出是哪位诺姆长官征服了其他人并统治多长时间这样的信息寥寥无几。第三中间期末年，强大权势集团的缺席为努比亚人的攻城略地提供了方便。

第二十三王朝的法老们

公元前815年—公元前715年

第二十王朝同第二十二王朝、第二十四王朝和第二十五王朝处于同一时期，部分国王列举如下：

帕杜巴特斯一世（欧塞尔马特雷）

尤普特一世

舍尚克四世

奥索尔孔三世（欧塞尔马特雷）

塔克罗特三世（欧塞尔马特雷）

鲁达蒙（Roudamon）（欧塞尔马特雷）

帕夫乔阿维巴斯泰特（Peftjaouâouy-bstet）

尤普特二世（欧塞尔马特雷）

又精力充沛的泰夫那克特趁着时局混乱重新统一了埃及并称了王。他把整个三角洲地区据为己有，彰显了他在攻城略地中的精明能干。然而，由于缺少自立为法老的合法性，他只能将战败的诺姆长官困守在各自的位置上，任命帕杜巴特斯一脉的贵族后裔奥索尔孔为布巴斯提斯的国王。泰夫那克特势不可当地攻占了埃及南部，但是当胜利行军到达埃及中部时，他遭遇了努比亚国王皮耶的军队。

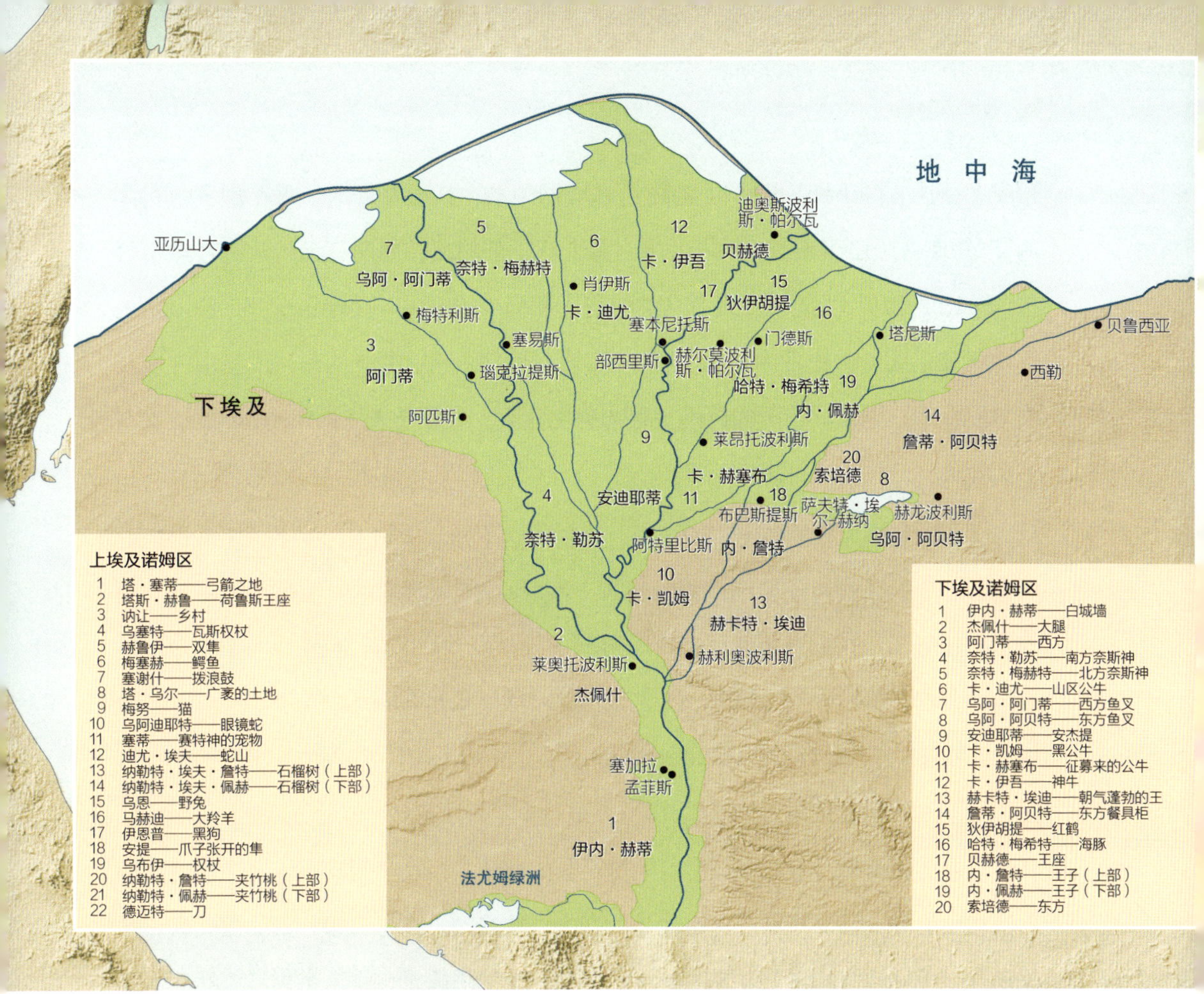

延后这个事件的讲述是恰当的，因为皮耶将军现身埃及有一个众所周知的后果——开启接下来的王朝即第二十五王朝。由于新旧朝代更替期间发生的事件汇合在了一起，我们不得不把目光投向皮耶身后，暂时聚焦在下努比亚即北努比亚的领土上。

定都纳帕塔（Napata）的努比亚王国

在拉美西斯统治末年，埃及作为国家分崩离析，而努比亚也正发生着天翻地覆的变化。一个全新的、几乎是默默无闻的地方王朝统治了博

第二十四王朝的法老们

公元前727年—？年

泰夫那克特（Tefnakht） 埃及双王冠的持有者，但我们不知道博克霍里斯（Bocchoris）即位前他在位多长时间。

公元前720年—公元前715年

博肯雷内夫（Bokenre-nef，即博克霍里斯） 他统治塞易斯地区，后被努比亚法老沙巴卡（Chabaka）打败，后者成为统一的埃及的国王。

尔戈尔圣山（Gebel Barkal）俯瞰的都城纳帕塔，其王室墓地坐落在尼罗河右岸的艾尔-库鲁（El-Kourrou）。考虑到第十八王朝的图特摩斯三世曾攻占过城市科尔玛（Kerma），所以埃及人命名纳帕塔王朝为库施王国（royaume de Koush）。历史学家们则给努比亚人民取了多个名字。人们或使用古典词根，或使用古埃及文字的抄本，于是，该国的居民被称为努比亚人、库什特人（Koushites）或埃塞俄比亚人。

关于纳帕塔原来的统治者的情况，我们全然不知。实际上，关于这座城市我们所知道的第一条资料还要追溯到阿拉拉（Alara）国王时期。阿拉拉可能是该王朝的第六位国王，我们猜测他前面的所有君主都被埋葬在艾尔-库鲁。人们认为阿拉拉可能在公元前750年前后统一了上努比亚，建立起新的国家。

阿拉拉的弟弟卡什塔（Kachta）继承了兄长的王位，并再次占领了整个下努比亚地区。人们据此认为，卡什塔国王就是这个年轻国家或纳帕塔王朝的开国之君。在上埃及的最南端，卡什塔拥有着无可辩驳的权威。但是，同众多埃及学家确认的事实相反的是，我们并不能肯定他是拥有上下埃及国王称号的第一人。在艾勒芬蒂尼岛[24]（Eléphantine）发现的一块石碑上，卡什塔授予自己这个称号。然而，称号还不足以拥有王衔，正如之前发生的事情一样，它更多的是没有实际结果的自吹自擂。

卡什塔死后，他的儿子皮耶继承了王位。他是埃及第二十五王朝第一位努比亚血统的法老。新国王在博尔戈尔山山脚处建造了纳帕塔城最宏大的阿蒙神庙。阿蒙神庙的建造始自第十八王朝，后扩建于拉美西斯二世在位时期。不久，皮耶自称是遵照底比斯和纳帕塔两地阿蒙神的意愿成为“埃及及所有地区的国王”。早在图特摩斯三世时神祇的双重化身已经被宣之于口，皮耶借此标榜自己同图特摩斯三世一样雄才大略。

泰夫那克特和皮耶对战前夕，皮耶强大的权势以及他在上埃及（具体来说是库什特治下的区域）的影响力使泰夫那克特麾下的北部城主们忧虑重重。塞易斯的王

[24] 音译，也可意译为“象岛”。——译者注

子已经攻占了他影响力辐射到的边界之地孟菲斯城。军队继续向南推进，包围了赫拉克里奥波利斯城。于是皮耶命令队伍阻止泰夫那克特的行军，上埃及的军队开始包围刚刚向塞易斯王子投降的赫尔莫波利斯城。同时，为了巩固他在上埃及的位置，皮耶命令努比亚军队从纳帕塔奔袭至底比斯，其目的在于一旦他在对抗泰夫那克特的战役中失利，他的军队便能护卫底比斯。他的顾虑并未加深，因为尼罗河上的战争一经发动，泰夫那克特就遭逢溃败：埃及北方的舰队或被摧毁或被捕获，大部分士兵也被俘。

皮耶继续北上，一路势如破竹，直至赫拉克里奥波利斯城下，北方残余部队正聚集于此。皮耶再一次碾碎了敌人的有生力量，当努比亚军队向南回撤以期再次占据赫尔莫波利斯城时，敌军乘机向北逃窜而去。在赫拉克里奥波利斯城战败后，国王尼姆洛特在赫尔莫波利斯集结了他的勇士。

此时，皮耶同其麾下的将领们产生了分歧，后者容许埃及军队向北逃窜，皮耶决定亲自指挥军队。然而，就在这之前，一件奇怪的事情发生了：军事行动正在进行时，已经在底比斯的皮耶决定在卢克索神庙举办欧佩特祭典[25]（fête d’Opet）。没有哪一位历史学家能够解释这位努比亚首领的行为，原因可能是他对自己的军队有着难以撼动的信心以及他对阿蒙神极其虔诚的情感。宗教庆祝活动接近尾声时，皮耶的战船抛锚停泊在了赫尔莫波利斯城墙前。在那里，面对着努比亚军队，尼姆洛特进行了顽强的抵抗，颇具将帅之才的皮耶运用了一种创新式的围攻方法。他建筑高塔，这称得上是罗马人攻城塔的前身。高塔四周的土坡增加了塔身高度，使得高塔可以近距离俯瞰城墙。一种可移动的木制塔车使得努比亚的弓箭手能精准射击城内的目标。败局已定的尼姆洛特派遣妻子内斯塔内特梅（Nestanetmeh）出城协商投降。内斯塔内特梅拜会了皮耶的妻子，言明无条件投降且不会报复。这位夫人口才定然极其出众，以至于皮耶留下了尼姆洛特的性命，而且正如某些文献所载，围城期间敌人的战马所遭受的饥馑之苦也深深触动了他。胜利后缴获的部分战利品被用来充盈阿蒙神-拉在底比斯的宝库。

[25] 每年法老都会为底比斯三神举办的祭典。——译者注

索贝克神之城——克罗科迪洛波利斯[26]（Crocodilopolis）

在第三中间期时，对神兽的崇拜如火如荼。古老的克罗科迪洛波利斯城屹立在法尤姆近旁。这座城市信仰的神祇是人身鳄鱼头形象的索贝克，这也是大量鳄鱼形状的还愿物来源于此的原因。

据人们讲述，在鳄鱼城神庙中一直生活着一只鳄鱼，它佩戴着金嵌宝石类的珠宝并受到人们精心照料。它死后，人们为其举办葬礼并寻找替代者。信仰索贝克神的原因是这个地区毗邻河畔和法尤姆湖。索贝克神非常凶猛，是太阳船的保护者。他生活在四水环绕的地方。太阳船夜间航行时，他制服太阳神的敌人并砍下他们的脑袋。在他的神庙中，信徒们会供上青铜质地的还愿物，比如下图就是一件鳄鱼形状头顶太阳圆盘的还愿物（巴黎罗浮宫博物馆）。

埃及国王皮耶

占领赫尔莫波利斯后，皮耶率军乘胜向北推进。军队途经各城，各小国国王纷纷放弃抵抗并臣从效忠新的征服者。但有两处城池是例外：克罗科迪洛波利斯和阿芙洛蒂托波利斯（Aphroditopolis）。同皮耶胜利进军的路线相距甚远的这两座城市没有归顺这位虔诚的努比亚军事首领。对此皮耶并不担心，他只希望能够尽快拿下孟菲斯。但是防御工事众多的孟菲斯奋力抵抗。顽强不屈的泰夫那克特王子利用对手的粗心大意率 8000 名军士进城，而且城内有大量的补给储备，使他能顶得住敌人的长期围困。王子准备了多个防御计划，但随后为了聚合三角洲全部的有生力量，他还是逃离了孟菲斯，想回头再来解围城之困。

考虑到作战计划，皮耶担心围城时间过长，遂决定对城市发动强攻。此时是尼

[26] 也译为鳄鱼城。——译者注

罗河河水泛滥的季节，在城市东侧，被围困的人们可以依靠河水得到保护，但那里也是守卫最薄弱的地方。于是皮耶在此发起了袭击。河水泛滥如此之大，以至于泊在城墙外的城市战船几乎超过了距此最近的房屋高度。皮耶把孟菲斯的舰队收归己用，使之排成一列形成进攻敌军的一块巨大跳板。面对出其不意的进攻，敌人唯有投降。根据皮耶下达的指令，除了神庙之外，整座城市都被洗劫一空。普塔圣殿被洒扫干净后，城市的新“法老”在普塔神面前再次被证实为埃及国王。

三角洲地区所有的诺姆长官，包括奥索尔孔四世，都臣服于皮耶。为了像满足他的虚荣心一样满足他的虔诚，皮耶在已经攻克的城市，尤其是在赫利奥波利斯城中，让诸神承认自己是两地之王。但是，塞易斯王子泰夫那克特仍在密谋

皮耶石碑

努比亚法老皮耶在博尔戈尔山竖立了一座石碑，讲述他征战埃及的事迹。在石碑的上端，我们能够看到法老正面对着阿蒙神-拉和穆特女神。其身旁是他的妻子和赫尔莫波利斯城的领主尼姆洛特。石碑的下端，被皮耶打败的布巴斯提斯、莱昂托波利斯和赫拉克里奥波利斯的统治者们纷纷跪在地上。

博尔戈尔山

从博尔戈尔圣山上俯瞰，人们能够看到阿蒙神庙的遗迹以及其他的庙宇和建筑物，比如一座宫殿和玛米西庙（mammisi[27]）。这处神圣的地方等同于底比斯的卡纳克神殿。

反叛，并在要塞马塞德（Mased）策动了起义。随后起义被残酷镇压，马塞德也被划入阿特里比斯（Athribis）地区佩尔西斯王子（Pelisis）的管辖范围。泰夫那克特在三角洲的沼泽区找到了避难之所，他向皮耶寄去求和书，哀求他的恩典。皮耶要求他宣誓效忠，而后接受了他的投降。

新国王的过失

成为埃及的主人和君主之后，努比亚法老立即回到了千里之外的纳帕塔王国，没有任何资料能明确指出他如此仓促而又冒失折返的原因。皮耶没有废黜被占领城市的诺姆长官，反叛的春风刮得依然如故。法老没有意识到非他本意撒播下的起义萌芽将滋生出混乱无序，一如刚刚过去的境况。

[27] 古埃及语，意为“分娩的地方”。——译者注

尽管对抗皮耶失败了，但是不管怎样，当泰夫那克特称王开创第二十五王朝时，他还是找回了部分昔日的权威。石碑上的铭文证明：得到法老的宽恕后，泰夫那克特又继续执政了至少八年的光景，即便他的权威没有扩及孟菲斯以南。

泰夫那克特的儿子博克霍里斯继承了王位。希腊人认为这两位国王都是审慎的仲裁者而且知识渊博，尽管没有资料可以佐证这一点。塞本尼托斯城的曼涅托的文本资料证明，博克霍里斯在执政六年后被库什特国王沙巴卡杀害，且后者毫不犹豫地焚烧了他的遗体。遭受如此令人生畏的惩罚的原因，是当努比亚人再一次攻占埃及时，沙巴卡的军队受到了博克霍里斯的抵抗。第二十四王朝末期造就了数不清的缺少可靠资料证实的互相矛盾的事件。

山羊首斯芬克斯

这尊山羊首斯芬克斯像位于努比亚的卡瓦（Kawa，今苏丹境内）阿蒙神庙的入口处。法老塔哈尔卡（Taharqa）的雕像被护卫在神像两前爪之间（现存阿什莫林博物馆，牛津郡）。第81页的图片是残存的努比亚珠宝（现存苏丹国家博物馆，喀土穆）。

南来诸王

众多邻邦一直对拥有黑土沃田的埃及虎视眈眈。但是入侵者的文化往往与埃及的传统和宗教信仰大相径庭，唯有努比亚人一反常规。狂热崇拜阿蒙神的努比亚人占领了埃及，创立了第二十五王朝时期，试图再现埃及古王国时期的璀璨辉煌，却徒劳无功。

攻占埃及的努比亚军事首领皮耶入侵埃及有两大主要原因。至关重要的是，历来为诸邻国所艳羡的埃及由于内战处于极度式微的境况。塔尼斯王权和底比斯阿蒙僧侣神权之间的权力斗争播下了混乱无序的种子，把国家割据成了众多独立封地。此时的埃及正如第六王朝末年，险象环生，危机四伏。由于缺少统一的领导，混乱笼罩着各统治机构，尤其是军队。大权在握且在上埃及拥有强大影响力的皮耶充分意识到埃及陷入了棘手境地。像他一样精力旺盛而又充满雄心壮志的国王，会不容有失地抓住眼前这个千载难逢的机遇。假使这还不足以解释他发起战事的原因，

第二十五王朝的法老们

公元前747年—公元前716年

皮耶 皮耶战胜三角洲诸王执政埃及而开启了努比亚人在埃及的统治。反映其军事成就的大事记被铭刻在博尔戈尔山的石碑上。

公元前716年—公元前702年

沙巴卡 其在位期间法老居所从努比亚迁至底比斯。保存在大英博物馆、证实孟菲斯宇宙起源说存在的沙巴卡巨石就出自这一时期。

公元前702年—公元前690年

沙巴塔卡（Chabataka） 与前任国王不同，他对亚述人实行和解政策，执政期间数次与敌人对战。

公元前690年—公元前664年

塔哈尔卡 他是这一时期最杰出的君主，人们把在埃及和努比亚进行的多处宏伟建筑物的修建和修复工程归功于他。

公元前664年—公元前656年

塔努塔蒙（Tanoutamon） 最后的努比亚法老，敲响了“黑人法老”王朝的丧钟。对亚述人的失败迫使他逃离埃及，远走努比亚。

努比亚法老治下的埃及帝国

尽管努比亚法老们未曾踏足埃及直接当权，但是他们的影响力却从第四瀑布扩展到了孟菲斯地区。于是，埃及辽阔广袤的疆域受南来王权的统治。

努比亚国王卡什塔控制的地区从象岛扩展到了第二瀑布，他也是纳帕塔王朝的开国之君。在法老们为了更好地统治埃及而定居底比斯之前，他们的官邸一直设在纳帕塔。然而，自皮耶执政起，努比亚才开始真正地统治埃及。该国王运用结盟和设置保护国的手段战胜了敌人。佩戴有石英护身符的女神像是法老皮耶的所有物，其上还饰有牛角和太阳圆盘的（如83页照片，藏于波士顿美术博物馆）。但是努比亚人对埃及的侵占很短。事实上，亚述人在多次入侵埃及后便势不可当地占领了三角洲地区和孟菲斯城。最后，三角洲地区的埃及人民终结了努比亚人的统治，把他们彻底驱逐出埃及，直到第四瀑布以南。

那么还有第二个原因——尽管有点儿出人意料，但它与第一个原因同样重要。

第二十五王朝开创之前，古埃及人认为努比亚统治者的政治意识形态低下，其人民头脑简单，所以他们一直藐视努比亚这个民族。其实，直到那时，努比亚还是埃及的一个外族附庸国，一块无名之地，埃及船只逆尼罗河而上冒险至此，只为寻找黄金和至美至坚的宝石。当时的文字曾言及，这是一个没有文化且属于“低等种族”的、不信宗教的黑人国家。例如，拉美西斯二世谈论努比亚和努比亚人时会使用一些诸如“库施

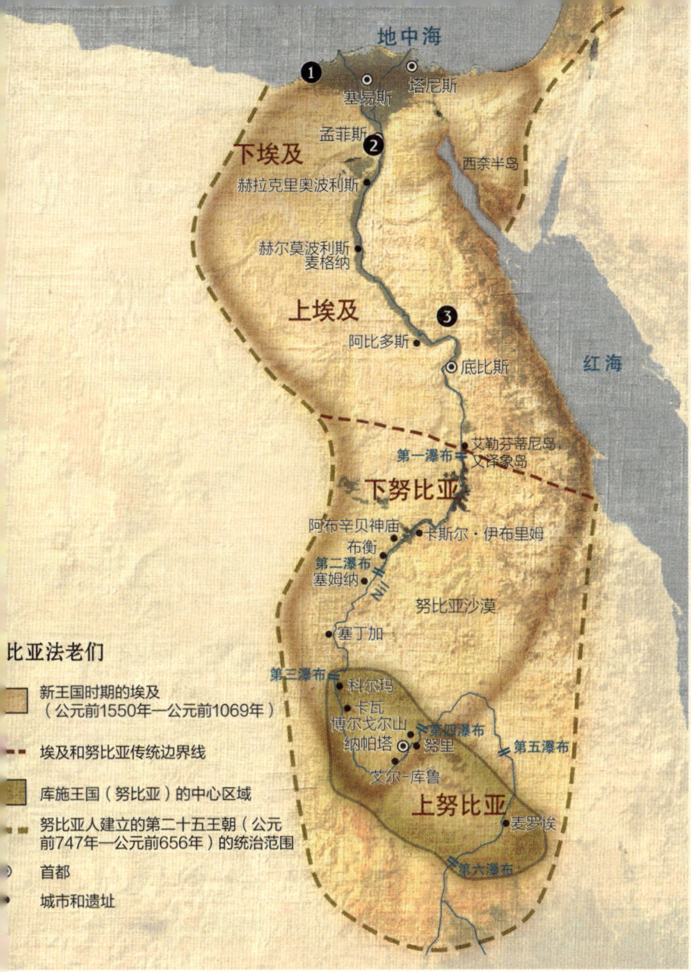

❶ **塞易斯** 脱胎于第二十四王朝的塞易斯当权者是努比亚法老们的主要敌人。

❷ **孟菲斯** 既是新王国时期的另一座都城，又是亚述人和努比亚人争夺最激烈的城池之一。

❸ **底比斯** 即便法老的主要定居地坐落在纳帕塔，底比斯依然是宗教中心和法老外出的首选之地。

国那些可怜人”这种毫不隐晦的表达。至于我们今天看到的古埃及不可计数的艺术品，它们的态度更加鲜明：努比亚人双臂被绑缚身后，以俘虏的形象出现在神庙的浅浮雕和神奇的陪葬护身符上。其实是借用他们代表形形色色需要战胜的敌人和坏人。描绘的景象还有很多代表埃及国王的狮子，它们正要吞食倒于其利爪之下、精疲力竭的努比亚人。古埃及的天才雕刻家们通过作品既刻画出了受害者面部流露出来的惊恐万状，又展现了被看作是低等人的种种荒诞滑稽行为。然而，事实却与狡黠的法老采用的这种不近人情的抹黑正相反。

古王国时期，探险努比亚采矿场和采石场的行动时有发生。王室年鉴指出，几个世纪过去了，探险活动的准备和进程却鲜有变化。埃及的探险队伍由全副武装的职业士兵、预备役军人以及我们称之为技术人员、能够熟练吊装重物的海军军官组成。中王国时期，人们在狭窄的瀑布附近大量修筑堡垒，努比亚境内埃及人频繁现身；新王国时期，来自北方的入侵者占领了瀑布地区并以殖民者自居，即便努比亚人不停地袭扰他们。第十八王朝的缔造者雅赫摩斯（Amôsis）在第二瀑布附近的布衡（Bouhen）堡垒的北面修建神庙。数年后，图特摩斯二世像阿斯旺铭文详述的那样来此镇压叛乱。埃及人大肆屠杀反叛者，唯一的例外是王子被俘后被带至法老的宫廷。这不免让人联想到学习埃及语言和习俗的王子作为埃及大使被派遣到故国的画面。

图特摩斯三世继续使用这种巧妙的手段征讨亚洲，结果大胜而归。这样，始终保持祖先非洲血统的努比亚人民逐渐埃及化了。在局势最稳定的地区，阿蒙霍特普三世开展了一系列的建造活动，其中在瓦迪-埃斯-塞布阿（Ouadi-es-Seboua）、塔博（Tabo）、阿尼拔（Aniba）和塞易斯地区修建的神庙成为历史无声的见证。作为建造者，能超越阿蒙霍特普三世成就的只有拉美西斯二世，后者建造的拔地而起的建筑包括德尔神庙（Derr）、贝特·埃尔-瓦利神庙（Beit el-Wali）和葛夫·侯赛因神庙（Gerf Hussein），以及最让人震撼的岩窟神庙——阿布辛贝神庙（Abou Simbel）。皈依宗教的努力对努比亚人的信仰产生了重大影响，尤其在埃及人攻占地区的南部，即库施王国的首都纳帕塔的周边地区。那里黄沙飞扬，一块烟囱状、高 74 米的岩石拔地而起，孤零零地矗立在博尔戈尔山凸出的一角。极其凑巧的是，岩石的蜿蜒曲折让人想起装饰在埃及王冠上的、作为法老保护者的眼镜蛇。就是在这个地方，图特摩斯三世开始建造阿蒙神庙，拉美西斯二世后来扩建了它。编年史讲述了图特摩斯三世看到纳帕塔的阿蒙神现身“圣山”（他在努比亚的居所），而且围绕这块孤立的岩石，努比亚国王对纳帕塔阿蒙神的信仰更加虔诚了：假使阿蒙神居住在纳帕塔的话，那么努比亚诸王就是神父选择的守卫者，监督世人对神的崇拜。

皮耶王对阿蒙神的虔诚情感有助于人们更好地理解他出兵埃及的原因。实际上，在虔诚的库施国王看来，底比斯阿蒙大祭司之间的政治诡计是对神明的亵渎。他征战并占领埃及，可能只是想恢复受到僧侣嘲弄的阿蒙神的尊严。实现他的愿望：驻足阿蒙神近旁的这块土地，或者看到阿蒙神诞生的这块土地，可能就是皮耶王在攻克孟菲斯后急速返回纳帕塔的原因。

国家的再次统一

皮耶的军事胜利对埃及北部社会产生了重大影响，它也预示着阿蒙神和祭司集团的胜利。作为占领城市的主人，皮耶把在此收取的税收用在神庙修缮和当地祭司的俸禄发放上。于是三角洲地区古老公国的经济大权逐渐被侵蚀，世俗社会和圣职阶层之间的仇怨激化了。孟菲斯城被围之时，一直效忠君主的普塔僧侣放弃保卫城市。如果正如记述的那样，皮耶恢复了祭司们的职务，那就说明孟菲斯的僧侣在旧君主统治时期被剥夺了权力。所以合乎逻辑的结果就是征服者库什特人采取的措施加剧了权贵人家对僧侣阶层的憎恨。另外，在物质和意识形态方面对立的两大阵营出现了：一方是皮耶和僧侣阶层，另一方是泰夫那克特和有产阶层。

随着皮耶军事行动的介入，宗教权力蓬勃发展，这也是征服者采取重大决策的结果。占领底比斯后，皮耶逼迫阿蒙神之妻查佩努佩特（Chapenoupet）任命他的姐姐阿梅纳尔迪斯（Aménardis）为下一任继承者。于是身份最高的女性代表团体阿蒙神之妻的种族再次发生变化。实际上，查佩努佩特是利比亚国王奥索尔孔二世的女儿，而阿梅纳尔迪斯是在被选为继任者后才认努比亚国王卡什塔为父的，皮耶就这样虽间接却切实地控制了阿蒙神所在地底比斯城。由于女性僧侣的再次出现，阿蒙神之妻们即将成为埃及历史上最富有且最有权威的女性，但是哈特谢普苏特并不在此列。

皮耶回到纳帕塔时，泰夫那克特正在三角洲地区酝酿起义。其实，这位前王子在对抗圣职阶层的活动中再次成了北部当权者的首领。随着舍尚克王朝最后的代表者布巴斯提斯国王和莱昂托波利斯国王的相继离世，泰夫那克特的统治范围就只

纳帕塔

这是努比亚人的都城，也是第二十五王朝国王的宫殿所在地。墓地屹立在住宅区附近，标志性建筑物是祭庙前耸立着的金字塔，其规模比埃及建造的金字塔要小。即使第二十六王朝初期这座都城被废弃了，但它作为墓地一直被使用到麦罗埃文字时期。

剩下塞易斯王国了。尽管皮耶是上下埃及的国王，但对埃及的治理他却鞭长莫及。他从遥远的纳帕塔治理这个两地国家，委派他的姐姐阿梅纳尔迪斯总揽底比斯的宗教和经济大权，放任泰夫那克特统治三角洲。他在圣山脚下建造的工程增强了假设的可信度，在假设中皮耶返回纳帕塔是出于对阿蒙神的虔诚。此外，他扩建了阿蒙神庙，在纪念塔门附近增加了一个合拢的多柱式厅，为了凸显塔门，他在其前面建造了一个柱廊庭院，并同新的塔门一同竣工。通往最后一道塔门的山羊首斯芬克斯大道上刻有皮耶的签名，然而随后更加细致的研究揭露了事实：努比亚国王侵占了这些斯芬克斯神像，因为这些雕塑都来自阿蒙霍特普三世建造的索莱布（Soleb）神庙。

皮耶薨逝于纳帕塔，结束了其 31 年的统治，被葬入艾尔-库鲁纳帕塔王朝传统墓地中心位置处建起的金字塔内。他的陵墓揭露了一件异乎寻常的事实：皮耶极其喜爱马，在利用尼姆洛特的战马占领赫尔莫波利斯城时，这一癖好已露出端倪。事实上，在去世之前，皮耶就希望他喜爱的那些马能陪他长眠。

沙巴卡，可能是皮耶的弟弟，接替兄长成为纳帕塔和埃及王国的首领。刚刚加冕的君主立刻就认识到了远距离统治的危险，于是他离开努比亚的官邸前往底比斯定居，下定决心要拿下整个三角洲地区。尽管我们没有沙巴卡出兵进击三角洲的资料，但后来的事实表明他达成了目标，埃及在众王朝混战数年后再次实现国家的统一。

两地法老——沙巴卡

相对于兄长皮耶沿用他敬佩的图特摩斯三世的加冕名（蒙赫普里，Menkhéperrê）来说，沙巴卡将追溯更加遥远的昔日，以寻找更加纯粹的根源。像第三王朝倒数第二位法老一样，他更名为尼斐卡拉，表明他打算沿用皮耶的政策，且信奉最传统的宗教阐释。这种意图的声明同样昭示在纳帕塔阿蒙神庙的装饰物上，这些饰物表明他以古王国时期的纪念性建筑物为典范并重新采用古老样式的愿望。实际上，努比亚君主纷纷把自己视为传统宗教的真正守卫者，推崇传统并使传统笼罩在阿蒙神至高无上的荣耀光环下，他们也想要成为自己信仰的宗教的继承者。作为埃及和纳帕塔王国的君主，他们总是头戴一顶其上饰有两条昂首眼镜蛇的王冠，一条象征三角洲王权，另一条则为努比亚君主特有。

沙巴卡执政第二年就现身孟菲斯已得到证实，这表明在此之前，他已经顺利掌控了三角洲地区。这意味着他废黜了城市的诺姆长官贝肯雷内夫（Bakenranef）和拒不臣服的塞易斯长官。取而代之的是深受国王信任的军官，他们很可能是努比亚人。

沙巴卡在孟菲斯完成了由拉美西斯二世的儿子卡哈蒙瓦塞特设计建造的阿匹斯公牛地下陵墓的加固工程。他还沿袭保护神庙的宗教政策，优待向其兄长投诚的普塔僧侣。在一块小石碑[法国埃及学家奥古斯特·马里埃特在孟菲斯的塞拉比尤姆神殿[28]（Serapeum）发现了它]和另外一块石碑上都刻写有国王此时身在孟菲斯的证明。前者被用来纪念一头被土葬的阿匹斯公牛，该朝代共埋葬了两头阿匹斯神牛；后者在埃及学界非常有名，并以“沙巴卡巨石”（pierre de Chabaka）的名字被广为人知，现收藏在大英博物馆中。马里埃特记录的考古日记提到了在塞拉皮雍发现小石碑的过程，它的建造可追溯至沙巴卡执政的第二年，建造原因是纪念一头被埋葬的阿匹斯公牛。另一段不完整的铭文只能辨认出名字的一部分，似乎同沙巴卡的继任者沙巴塔卡有关。最终，塔哈尔卡在位的第 24 年，另一头阿匹斯公牛也被埋葬了。这是我们仅有的关于第二十五王朝时期埋葬阿匹斯的资料。

[28] 孟菲斯的塞拉比尤姆神殿亦被称作“孟菲斯的地下神牛墓”。——译者注

与此同时，亚洲地区突发的动乱将直接影响沙巴卡未来数年的统治。亚述政权不断壮大，它与日俱增的威慑使亚洲人民长期生活在动荡之中，而埃及同该地区人民保持着良好关系。巴基斯坦王子亚玛尼（Yamani）占领了亚述人统辖的菲利斯丁人的城市阿什杜德（Ashdod）。然而，当时的亚述国王萨尔贡二世成功收复了这座城市，并迫使亚玛尼远走埃及避难。亚玛尼坚信他能在埃及找到庇护之所。然而，不想同强大的萨尔贡二世产生一丝一毫冲突的沙巴卡把他交给了亚述人。这个谨小慎微或称之为懦弱不堪的举动产生的结果是：有资料表明沙巴卡和萨尔贡二世的关系极好。甚至还有不少证据能佐证这一点，例如：在底格里斯河（Tigre）河畔库云基克遗址（Kuyunjik）出土的封泥证实了这两位君主曾互赠礼物。埃及牺牲了对菲利斯丁人的支持，换取来的是亚述人充满变数的友谊。

在对宗教的虔诚热忱方面，沙巴卡同前任帝王一样，在众多神庙建筑上印刻下自己的痕迹，他再次开放了哈马马特干谷石场，开采石块以扩建或加固神庙。由沙巴卡兴建的、保存最好的可能是位于麦地能·哈布城内的一座规模不大的神庙，始建于第十八王朝哈特谢普苏特和图特摩斯三世当政时期。该神庙正对着小神殿，沙巴卡的姐姐、阿蒙神之妻阿梅纳尔迪斯就埋葬在那里。阿蒙神之妻的葬祭堂是埃及第一座带有凿琢石块拱顶的建筑。即便古埃及的建筑师们早已认识到弓形和拱形结构的优点，但是直到那时，他们才敢在土砖建筑上使用这一结构。然而，我们仍然可以说他们早已掌握了部分石制弓形建筑结构。因为覆盖在第五、第六王朝金字塔墓室上的大型盖板就是弓形的，更准确地说是尖顶弓形或倒V形，尽管他们并没有切割出拱楔块[29]，却依然能利用侧推力。但是，古埃及的建筑师总是优先使用过梁，有时会下压过梁以模仿弓形形状。

沙巴卡兴建的土木工程的另一个典范是：他在卡纳克阿蒙神庙中心外围部分和普塔神殿之间建造了一座神庙，通常被称为“沙巴卡宝库”。到今天保存下来的只有入口处的柱廊了。我们在上面看到一处铭文，指明建筑物“是一座宝库，里面各

[29] 用于形成拱或穹隆曲线部分的楔形石头中的一块。拱楔块借助侧面压力相互紧密靠拢，通常不用灰浆即可砌成砖石拱等。——译者注

沙巴卡巨石：普塔神创世故事

孟菲斯僧侣创造的宇宙起源说是流传下来的重要的宇宙起源说之一。根据这个创世理论，普塔神借助心脏（精神）和语言（话语）催生出了万事万物，并使之存在。

从铭文开端的故事中得知，文献上记录有孟菲斯宇宙起源说是沙巴卡的功劳。它被保存在伦敦大英博物馆中。资料的年代难以确定，因为在努比亚人统治时期，人们青睐复古的建筑形式。而且还要考虑如下事实：努比亚法老想要效仿法老信仰时代虔诚而又让人极其尊敬的君主来到民众中间，这是他们想要重拾这一古老文化的原因。沙巴卡巨石上复述的主题是对普塔神作为埃及国王和国家统一者的认定，也是对孟菲斯城是埃及都城的断言——所以，当得知供奉普塔神的主要庙宇坐落在孟菲斯时，我们并未感到诧异；需要谨记的是，普塔神被描述成了埃及的最高神，以及对宇宙起源说的记述同《约翰福音》（*Evangile de Saint Jean*）和《创世纪》（*Genèse*）有很多相似之处。参看左边插图：国王沙巴卡头戴双王冠，象征着他掌控整个国家。雕塑来自卡纳克地区（现存开罗埃及博物馆）。

式各样的美物琳琅满目，还有多到不可计数的祭品”。沙巴卡在建筑方面的成就还包括他在卡纳克北部蒙图神庙围墙内修建的加长小道，小道通向普塔神庙，完全由石块铺砌而成。

沙巴卡对皮耶时期的建筑典范如此地亦步亦趋，以至于他在埃尔–库鲁墓地同样竖立了一座金字塔，他还像他的兄长一样把爱马也葬于此处。沙巴卡在位的15年，埃及呈现出此前四个王朝从未有过的稳定。阿梅纳尔迪斯现身底比斯维系了这种平衡，随着沙巴卡的儿子赫鲁埃姆阿克特出任阿蒙大祭司，平衡又得到了进一步的巩固。但是对于两地国家来说，最重要的是国家再次统一且只有一位国王。

❶石碑 珍贵无比的文字被记录在一块尺寸为66厘米×137厘米、重逾400千克的黑色花岗岩上。它开采自哈马马特干谷（OuadiHammamat）的石场。法老时期结束后，这块石碑长期被用作磨坊的磨盘，它的中间有一深孔和数道向外辐射的痕线。石碑于1805年被发现并在让-弗朗索瓦·商博良（Jean-François Champollion）破解罗塞塔石碑（lapierredeRosette）后不久被斯宾塞伯爵（le comteSpencer）遗赠给了大英博物馆。

❷法老名字 圣体书铭文第一行两次提到尼斐卡拉这个名字。这是沙巴卡的加冕名。这篇文字讲述的是：古老的纸莎草纸文稿被蠹蛀但还未完全毁坏，国王下令将其刻写在这块石碑上。经沙巴卡授意刻下的这段文字重申了这位法老同孟菲斯神职人员结盟的打算，并强调他将沿用这最古老的法老传统之一，意在合法化他在上下埃及的统治。

❸圣体书文本 沙巴克石碑上的铭文由上部的3横行和竖直的61纵行圣体书组成，其中位于石碑中心位置的25纵行已经损毁。这些文字是孟菲斯的书吏使用铜制凿子凿刻而成的。1902年，美国考古学家詹姆斯·亨利·布雷斯特德（J.Henry Breasted）成为在石碑展览大厅抄写圣体书文本的第一人。文本的语言和形式都非常古老。

查佩努佩特和阿梅纳尔迪斯

阿蒙神之妻和阿蒙神首席女祭司在卡纳克神庙留下了诸多不可磨灭的印记。在庄严的阿蒙神庙内孤零零地竖立着两座纪念建筑，它们见证了查佩努佩特和阿梅纳尔迪斯盛极一时的殊荣。

第一处纪念建筑是一座神庙，它背后是围墙东南面的开阔祝圣空地，在内克塔内布（Nectánebo）大门附近。建筑物正面描画着库施国王从阿蒙神手中接过权力和赛德节的象征物。尽管象形茧已被锤子击打毁去，但是根据它那清晰可见的荷鲁斯名，我们依然能够辨认出它是沙巴卡的侄子和继任者沙巴塔卡的象形茧。在为欧西里斯（神祇全名是赫卡-杰特 Heka-Djet，

卡纳克神庙阿蒙神首席女祭司的祭堂

像法老一样，阿蒙首席女祭司的职权也涵盖兴建土木的政策。女祭司们的行动范围局限于底比斯城，主要是阿蒙神宫殿。在尼罗河两岸，她们着手建造了几座纪念建筑物，建筑上的绘画描述的是女祭司面向丈夫阿蒙神，手呈祭品以示敬意。

在底比斯尼罗河的西河岸，阿蒙神首席女祭司下令建造她们的坟墓和葬祭堂。她们选中了新王国时已建造过一座神庙的麦地能•哈布城。与陵墓所在地不同的是，她们把供奉祭堂建在了尼罗河东岸卡纳克的阿蒙圣殿内。在庄严的阿蒙神庙的北部耸立着三座祭堂。其中两座的建造可能要追溯至塞易斯王朝时期；第三座则是阿梅纳尔迪斯和查佩努佩特二世的作品。后者由于规模不大，更应称之为圣所[30]而不是祭堂。但不管怎样，它都有摆放祭桌的院子（如图所示），祭桌上的装饰不仅描绘了首席女祭司、阿蒙神之妻，还有祭堂建造时期执政的法老——奥索尔孔三世和塔克罗特三世。

[30] 圣所，亦可称为内殿（神龛），是古埃及神庙轴线上最里面的一个小室，是神庙最重要、最神圣的地方。它黑暗狭窄，供奉着神的雕像，是神居住的地方，只有大祭司才能进入，被称为“圣中之圣”。——译者注

意为“统治永生之地的欧西里斯”）建造的建筑上绘有数不尽的阿蒙神之妻图像，这清楚地表明神殿是为她们而建的。第一座大厅的墙壁上，查佩努佩特正向阿蒙神引荐玛阿特，接受伊西斯–哈托尔馈赠的平衡项饰，即女神的象征物——梅纳特项链（le collier ménat）。在其他的浅浮雕上，哈托尔女神正用乳汁哺育阿蒙神之妻，后者哺育了阿梅纳尔迪斯。当阿梅纳尔迪斯被一反常态地刻画成查佩努佩特的女儿时，这种隐秘的母系关系得到了强化，尽管单身是阿蒙神首席女祭司必须履行的义务。对于查佩努佩特和阿梅纳尔迪斯的这种情况，阿蒙神之妻同认其为宗教教母的继任者之间的“血缘”关系存在多种解释。事实上，这一切都表明，她们同时履任圣职。

阿蒙神首席女祭司阿梅纳尔迪斯

我们现有的最美的阿梅纳尔迪斯雕像是这件等人高度的大理石石像。女祭司头戴假发和首席女祭司特有的饰物，手持花状物，花状物极其考究地经胸前白然下垂到手臂上。它在卡纳克神庙中被法国考古学家奥古斯特·马里埃特发现，现存开罗埃及博物馆。

阿蒙神首席女祭司差人建造的第二处纪念建筑是祭堂，修建在古老神庙附近，如今已损毁严重。在大门入口处左边的梃子上，阿梅纳尔迪斯张开双臂抱着阿蒙神，右边则是阿蒙神之妻查佩努佩特拥抱着底比斯神祇。亲神近神的这些场景同样被描画在麦地能·哈布城首席女祭司的葬祭堂以及拉美西斯三世的祭庙上。古埃及学家奥古斯特·马里埃特在卡纳克北部蒙图神庙的围墙附近发现了一尊大理石像。该石像雕刻精美且纹理细致，描绘的即是阿梅纳尔迪斯。石像高 1.7 米，现存开罗埃及博物馆中，是阿梅纳尔迪斯最著名的雕像，也是唯一可比肩阿斯旺努比亚博物馆中她的雕像的石像。

在沙巴卡执政期间，首席女祭司、阿蒙神之妻查佩努佩特离世，但具体时间不详。于是阿梅纳尔迪斯开始独自担任这极具威望的圣职，她还认养一名公主作为她的继承人——沙巴卡的女儿查佩努佩特二世。

国王沙巴塔卡

沙巴卡离世后，正如大家之前所看到的那样，皮耶的一个儿子，沙巴塔卡加冕为埃及国王。沙巴塔卡可能先是作为摄政者同他的叔叔沙巴卡一起共掌王权。同他家族的前几位国王一样，他借用了古王国时期的加冕名杰德卡乌瑞（Djedkaouré）。在夺取政权期间，他选择另外三个名字与他的征服行动相呼应，这三个名字同新王国时期的统治者使用的名字非常相似。应该说，他在某种程度上宣布了他未来政治和宗教行动的大体轮廓，并沿袭前几任法老的风范，不过他摆出的姿态更具有侵略性。

沙巴塔卡继续推进始建于沙巴卡时期的工程，地点主要集中在卢克索、孟菲斯和卡纳克；他在阿蒙神庙围墙内建造（至少是扩建）欧西里斯·赫卡–杰特神庙。

在沙巴塔卡统治的第二年，萨尔贡二世薨逝。亚述国王和法老沙巴卡缔结的和平使埃及度过了一段短暂的平静日子。接替萨尔贡二世的是辛那赫里布，后者初登王座就不得不应对巴勒斯坦和腓尼基两地的暴动。犹大国王希西家（Ezéchias）号召法老加入反叛亚述的联盟。于是沙巴塔卡命令由他弟弟塔哈尔卡统领的部队加入巴勒斯坦的军队以对抗辛那赫里布。此时，亚述军团袭击了腓尼基城市西顿[31]（Sidon），并迫使西顿国主卢利（Louli）弃城而逃。西顿战败后，无力抗衡敌军的亚实基伦（Ashkelon）王国沦陷，国王斯德卡（Sidka）被俘至亚述。埃及和巴勒斯坦的联军在阿什杜德（Ashdod）地区迎战亚述军团，遭遇溃败。接着，辛那赫里布决定占领战略意义重大的耶路撒冷。在那里，亚述国王同希西家谈判，后者同意向他进贡 300 塔兰特白银和 30 塔兰特黄金。然而，收到贡赋的辛那赫里布仍决定围城。耶路撒冷被围不久，希西家投降，耶路撒冷遂落入亚述人之手。面对强大的亚述军团，束手无策的塔哈尔卡做了一个明智的决定——撤军返回埃及。虽然这一举动使他和沙巴塔卡威信扫地，但也不失为睿智之举，此举得以保存埃及远征军几乎全部的有生力量。

《圣经》(《列王纪》第四章，第 19、35、36 节）收录了辛那赫里布占领耶路撒冷的另一个版本，这位亚述国王反驳这个说法，并提到了他袭击的这座城市得救的奇事。据《圣经》记载，为避免圣城遭摧毁和洗劫，雅威（即耶和华）向耶路撒冷派遣了一名天使，天使执剑歼灭亚述军团 185000 人，引得余下的亚述入侵军士溃逃。对于埃及军队的得救，希罗多德的讲述含混不清，但他同样提到了神的介入。在他的记述中，统治埃及的是一位名叫塞托斯（Séthos，即沙巴塔卡）的祭司，他是沙巴卡的继任者，塞托斯不喜战事，这表明埃及军队并没有迎击入侵埃及的辛那赫里布军团。茫然无措的塞托斯唯有向神祷告，在如梦境般的恍惚时刻，塞托斯收到了神的旨意，神预言埃及将会胜利。于是这位祭司就组建了一支由工匠和商人组成的队伍，准备迎战亚述军团。但是，在战役发生前夕，成群结队的老鼠涌入亚述军营，啃食亚述军士的木制武器和皮质武器。缺少作战工具的亚述人纷纷败退而去，很多兵士在撤退途中死去。

其实，我们并不知道真正的事实到底如何。我们知晓的是自战事爆发之初，辛那赫里布便没有再进攻巴勒斯坦王国了，而后他因自己家族成员的谋害而一命呜呼。而沙巴塔卡的消失更加离奇，根据祭司曼涅托的记述，他是被他的弟弟塔哈尔卡杀

[31] 又名赛达，今黎巴嫩南部省的一座城市，位于地中海沿岸。西顿是腓尼基人的主要城市之一，和推罗齐名。——译者注

阿蒙神–拉

对于努比亚血统的法老们来说，神圣不可侵犯的神仍然是阿蒙。在努比亚城市卡瓦，塔哈尔卡建造了饰有浮雕的祭堂，法老被绘俯首在神，尤其是端坐在王座上的阿蒙神–拉的面前。今天在牛津郡阿什莫林博物馆内，人们可以看到这座祭堂的一部分。

害的。假如这种说法得到证实的话，我们至少能确定一件事情：塔哈尔卡继承了沙巴塔卡的王座。

完成梦想的塔哈尔卡

历史学家们一致认为，塔哈尔卡统治第六年发生的尼罗河大洪水是值得关注的一件事实。国王本人对这一事件持有特别奇怪的论断，在他看来，神的干预会使这一切圆满结束。于是他下令任由大洪水的痕迹遗留在科普托斯（Coptos）、阿斯丰·埃尔–马塔纳（Asfoun el-Matana）和底比斯神庙以及卡瓦努比亚神殿的各种石碑上。奇怪的是，我们没有证据表明他对卡纳克神庙露台下达了同样的命令，但是那里却有特大洪水的显著印记。

黑法老的象征

即使努比亚法老们希望自己的形象被刻画成埃及人，但是他们的雕像依然有着独特的风格。从面部、身体形态以及法老佩戴珠宝的类型上来说，努比亚人给法老形象注入了个人主义和新风貌。尘封于科尔玛地下、现存于苏丹科尔玛博物馆的这些雕像（如下图所示）就是最有说服力的证据。

塔哈尔卡面部塑像

努比亚雕像最突出的特点之一在面部。在这个理想化了的面孔中，我们看到嘴唇稍厚、眉毛隆起，间或有鼻梁塌陷。法老的面容和头发卷曲深肤色的努比亚人的传统形象形成了鲜明的对比。

❶**努比亚人的无边圆帽** 努比亚法老与众不同的标志之一就是紧束在头上的无边圆帽。它和努比亚人信仰的一位神祇——普塔神所佩戴的帽子相似。

❷**双王冠** 努比亚君主头戴法老的双王冠，它象征着法老是上下埃及之王。

❸**两条乌赖乌斯圣蛇** 这是最具努比亚王朝特点的元素之一。它们象征着法老统治整个埃及和努比亚地区。

❹**肌肉组织** 另一个特点是努比亚人的体格。法老像体格健壮的年轻人一样裸露着阔肩和肌肉发达的胸膛。

❺**公羊角** 努比亚人的主神是阿蒙。阿蒙座下的圣兽是公羊。这就是部分法老头戴公羊角的原因。

登峰造极的埃及金属艺术：塔库丝特（Takusit）

在第三中间期时期，正如塔库丝特公主端庄典雅的雕像所展示的那样，古埃及的冶金技术达到了很高的水平。

即便埃及人在西奈地区拥有铜矿，但是他们依然没有足够的锡用以制造青铜；他们必须从腓尼基人手里买入这种金属。这一时期的许多女性青铜雕像都异常精美。其中，生活在皮耶统治年间的塔库丝特公主的青铜像如今被保存在雅典国家考古博物馆中。这件雕像是公主的随葬品，它全身上下遍布着由金银丝嵌花技术雕琢而成的纹饰。

女祭司塔库丝特的发式被认为是一顶努比亚式的短假发，在当时非常流行。

覆盖长裙的纹饰涉及多位神灵和被用在某些仪式中的文字。

左臂的位置突出胸部。这些纹饰由天然金银合金制成。

据刻写在石碑上的文字记载：埃及遭受特大干旱，随之而来的是大面积的饥荒。在萨赫勒岛（île de Sahel）一块被命名为“饥荒石碑”的岩石上描写有同上述记载相似的事件。虽然饥荒石碑的碑文是在托勒密王朝时期刻写，但事件发生的时间却可追溯至第三王朝左塞尔（Djoser）统治时期。塔哈尔卡向阿蒙神父祷告，奇迹发生了：据这位法老口述，突发的河水泛滥是如此的汹涌，它“摧毁了破坏庄稼的啮齿类和爬行类动物”。然而现代历史学家认为，尽管塔哈尔卡在他充满溢美之词的言说中对洪水可能造成的损失避而不谈，但是这样大肆泛滥的洪水必然带来诸多坏处。一目了然的是，强调洪水的负面影响是不合时宜的。要知道，作为向臣民传达阿蒙神-拉旨意的中间人，法老的责任是以秩序女神玛阿特的名义维持已经建立的秩序，并代万民向诸神之王（即阿蒙神）祈愿，以期一年一度的河水泛滥恰到好处，兆示丰年。

然而，随着埃及西部境外新一轮骚乱的发生，塔哈尔卡治下的和平被扰乱，而埃及国王与骚乱的发生脱不开干系：他显然是在密谋为他的扩张计划创造有利的环境。塔哈尔卡背地里加强埃及同亚述强权统治下的人民的合作。在此期间，亚述王子阿萨尔哈东（Assarhaddon）为父亲辛那赫里布报了仇，而后他在尼尼微（Ninive）自立为亚述国王。公元前 677 年，阿萨尔哈东粉碎西顿王国的叛乱，俘虏国王阿卜迪・米尔库蒂（Abd Milkouti），却没有报复塔哈尔卡，但这并未洗清掉后者是起义煽动者的嫌疑。一年后，塔哈尔卡挑动叛乱的想法再次蠢蠢欲动，他撺掇泰尔（Tyr）国王起义，同样是反对亚述帝国。阿萨尔哈东耐性被耗尽，决定进攻埃及来制止塔哈尔卡的动作。然而，横亘在亚述人面前亟待解决的是其他事务：他必须平息米底人（Mèdes）的叛乱，打消斯基泰人（Scrytes）和辛梅里安人（Cimmériens）入侵的念头。长期以来，埃及都需要腓尼基商船带来的商品，但是埃及的海港码头却在亚述人的控制之下，因此在亚实基伦（Ashkelon）的驻军成功击退亚述人的进攻后，塔哈尔卡加紧煽动沿海城市起义。

在塔哈尔卡执政的第 20 年，亚述军团向埃及行进，并尝试首先平息泰尔城驻军的暴动，但却未果。对于阿萨尔哈东来说，兵临孟菲斯绝非易事。亚述军队在贝都因人（Bédouins）的帮助下穿过了西奈沙漠，贝都因人为他们提供了运输武器和食物的骆驼。在破除埃及阻挠军团行进的抵抗后，阿萨尔哈东兵围孟菲斯，并最终占领了这座城池。除了缴获难以计数的战利品外，亚述人还俘虏了塔哈尔卡的儿子，但是埃及国王却逃出生天，向南而去。就这样，阿萨尔哈东成为三角洲地区的主人。所有的诺姆长官都臣服于他，部分官员甚至还为自己改了个亚述名字。上埃及的统治者且自封为“底比斯王子”的孟图姆哈特（Montouemhat）也向亚述胜利者纳贡，这证明阿萨尔哈东已经成功占领了埃及南部。战事临近结束时，亚述军团首领自称为上下埃及和库施国国王，之后他返回亚述。

塔哈尔卡可能是在纳帕塔避难，他利用阿萨尔哈东离开埃及的契机，命令军队急行军收复了孟菲斯城，并重新集结了诺姆长官。塔哈尔卡再次执掌埃及。看到这一局面的阿萨尔哈东再次统率军队，剑指孟菲斯，但却在行军途中溘然长逝。他的儿子亚述巴尼拔继承了王位。在塔哈尔卡统治的第 24 年，刚即位不久的亚述国王意欲完成父亲的征讨大业，发兵埃及。他重新占领了孟菲斯，塔哈尔卡只得再次向南避祸。孟图姆哈特留下的铭文告知我们：来自北方的一支入侵军队占领了底比斯。最大可能性就是亚述巴尼拔军团为入侵者，根据孟图姆哈特的见闻，这支军团还严重损坏了城市和神庙。亚述军团撤退的原因可能是亚述巴尼拔不得不北上应对三角洲地区的起义。起义被粉碎之时，亚述首领俘虏了塞易斯地区的诺姆长官尼科（Néchao）和使用亚述名字的那布什孜拔尼（Naboushézibanni）[尼科的儿子，他原来的埃及名字是普萨美提克（Psammétique）]。虽然我们对这些事件接连发生时的局势一无所知，但是我们知道亚述巴尼拔赏赐了尼科很多礼物，并任命他的儿子普萨美提克为阿特里比斯王子，随后尼科父子二人回到了埃及。新国王可能认为，在被征服的土地上扶植有权势的，且自己满意的盟友，比在国土上树立一个潜在的敌人要好。

塔哈尔卡时期的建筑工程

塔哈尔卡掌管埃及命运 26 年，由此他得以实现他宏大的建筑计划。事实上，历史上塔哈尔卡的重要成就是建造了库什特人统治时期最经典的建筑物，它们的建造灵感汲取自古王国时期最宏伟的古建筑。不管是在埃及还是在国王的故国领地，他都在探寻最规范的风格和最完美的施工。为此，他征召孟菲斯的工匠。这些工匠是雕刻技术超群的艺术家，是手工技艺的传承者，他们仍然依照普塔僧侣们的训令工作。

在麦地能·哈布城，塔哈尔卡忠于埃及的某项古老传统，抹除了塔门上的象形茧，这道位于小神庙内的塔门修建于沙巴卡时期，小神庙始建于第十八王朝。在塔门北面绘制了如下图景：在阿蒙神面前，塔哈尔卡或挖犁沟，或在一旁制砖。制建筑物防护砖的这个场景表示制砖者即是建筑物的建造者，通过这些图像，塔哈尔卡认为自己同拉美西斯二世一样，是侵占他人古迹的伟大帝王。在纪念大门的后面刻画着

这位努比亚国王消灭埃及敌人的英姿。此外，国王在小神庙祝圣空地的北部竖立了一扇大门，在砂岩石块垒砌而成的门框上刻满了铭文。

塔哈尔卡建造了许多宏伟壮丽的建筑，其中一部分就坐落在卡纳克神庙围墙内，它们在今天仍令人赞叹。努比亚法老在这里建造了两座巨大的亭子，它们如同门厅似的四面开放。其中一座位于第二道塔门前，一座在拉美西斯二世神殿（阿蒙神庙的东边）的对面，此外，国王还建造了通往孔苏神庙的第三座亭子。位于西边的亭子修建在布巴斯提斯庭院内，正对着神庙大门。它为人熟知的名字是塔哈尔卡立柱。亭子最初由纸莎草状的十根立柱组成，其中一根直插云天。支撑亭子的这些立柱让人想起纸莎草茎秆，它们是生命周期性再生和复兴的象征，

塔哈尔卡列柱

列柱经法国埃及学家乔治·莱格林（Georges Legrain）修复并再次竖起，它的柱帽高达 21 米。塔哈尔卡曾在卡纳克神庙第二道塔门前建造过两座亭子，这根列柱是支撑亭子的十根列柱之一。

努里墓地塔哈尔卡的金字塔

塔哈尔卡是第二十五王朝唯一一个另选墓地修建陵墓的法老。他决定魂归努里（Nouri），而在他之前和之后的法老都被葬在了埃尔-库鲁墓地。

即便塔哈尔卡想要为自己另寻一处墓地，但他仍然保留了相同的建筑结构来安置尸身——这就是尖顶金字塔。它由石砖垒砌而成，同底比斯的迪尔·埃尔-麦迪尼（Deir el-Medineh）的金字塔极为相似，工程竣工后人们还在外面粉刷了一层白石膏。金字塔内部同样绘制有死者向诸神供奉祭品的场景，还刻有用于丧葬的古老铭文。塔哈尔卡的石棺被放置在墓室中，石棺内有法老的木乃伊和随葬品，我们还在其中找到了数百个乌什布蒂替身俑（书中照片所示即是其中之一，现存开罗埃及博物馆），它们是冥间生活必不可少的元素。

同时又是生者和死者都会佩戴，且受民众喜爱的护身符瓦吉[32]（ouadj）的宏大体现。

在阿蒙神庙的圣湖旁，塔哈尔卡找人专门为欧西里斯修建了一座神庙。由于没有与地面平齐的入口，故而这座矩形庙宇有几个独有特征。在当时，神庙唯一的入口是今天已经部分损毁了的斜坡，它的走向同圣湖成直角。此外，这座泥砖结构建筑面朝西南且无窗，外观上饰有水波纹，这引人想起努恩神（Noun）和诞生生命的原始海洋以及溺死欧西里斯的河流。因此，欧西里斯安眠的这个地方常年闭门不开，无声无息，因为万事万物都不得打扰冥神的安宁。欧西里斯神庙传递的这种

[32] 它是纸莎草茎状的女神权杖，象征权力和永恒的青春。——译者注

❶ **陵墓的上部结构** 人们在陵墓的地面上竖立了一座尖顶金字塔，这使人想起古王国时期法老们的陵墓。

❷ **葬祭堂** 葬祭堂同样是陵墓地面建筑的一部分。人们每天都在这里给逝者供奉祭品。葬祭堂有着神庙的外观，还有一道塔门。

❸ **地下结构的入口** 不同于其他坟墓，进入墓地的入口是位于葬祭庙前面的一道斜坡或是一段长长的楼梯。

❹ **墓室** 最后，在一间或者两间隔间的后面是放置石棺的墓室，墓室是拱顶结构，绘有壁画和丧葬文字。

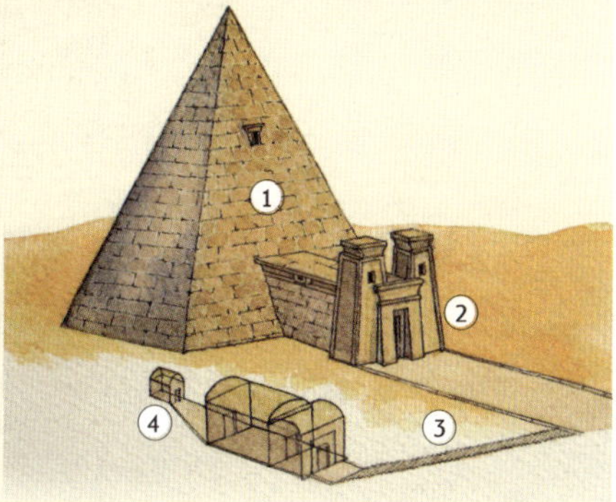

观念是传统的延续，塞提一世曾在阿拜多斯的欧西里恩神殿（Osiréion d’Abydos）描绘过这一传统。从侧面楼梯步入墓室，人们看到塔哈尔卡出现在女神奈斯身旁的图像，女神向东南西北专门保护欧西里斯的四个方位抛掷四个圆球。根据对罗浮宫博物馆内四个令人迷惑的黏土圆球的分析，埃及学家埃米尔·查西纳弄明白了这个神秘感十足的仪式的一部分。

塔哈尔卡命人在他执政前竣工的建筑上刻下他的象形茧，修缮工程也同样如此，其上的象形茧再次佐证了塔哈尔卡曾到过卡纳克。塔哈尔卡扩建了穆特女神神庙，该神庙始建于阿蒙霍特普三世，后被拉美西斯二世翻新。塔哈尔卡的形象被刻画在第六道塔门处庭院的浮雕上，法老头戴库施国王特有的乌赖

博尔戈尔山的阿蒙斯芬克斯神像
（第104—105页）

圣山山脚下巍然耸立着一座阿蒙神庙，它是卡纳克神庙的复制品。像其他的埃及神庙一样，塔门前是山羊首斯芬克斯神像大道。

乌斯双蛇王冠，正在向玛阿特女神呈献祭品；毗邻的场景是国王面向阿蒙神张开双臂，供奉祭祀牺牲。

塔哈尔卡可能还建造了几座规模更小的祭堂。人们发现垒砌祭堂的石砖被再次用在了托勒密时期的不少建筑上。

塔哈尔卡统治的第6年，他开始在努比亚的栋古拉（Dongola）地区修缮并扩建卡瓦神庙，该神庙始建于阿蒙霍特普三世当政时期。最受人们赞赏的是这座建筑上有第五、第六王朝时期古老的雕刻艺术典范，它们被不远千里而来的孟菲斯工匠们雕琢在精美的浅浮雕上。自此，卡瓦神庙就成了纳帕塔王朝第二大的庙宇，其规模仅次于博尔戈尔山的阿蒙神庙。此外，塔哈尔卡对圣山处的阿蒙神庙进行了扩建。他在神庙旁修筑了一座稍小的庙宇。他还在多地建筑神殿，例如：萨纳姆·阿布·多姆（Sanam Abu Dom）、麦罗埃、卡斯尔·伊布里姆（Qasr Ibrim）以及布衡和塞姆纳。

库什特人的梦醒时分

塔哈尔卡生前另辟了一块墓地，把它用作自己的长眠之所：它就是在尼罗河对岸且面朝圣山的努里墓地。金字塔陵墓矗立在这里，且终年沐浴在博尔戈尔圣山的光环下。继承塔哈尔卡王座的是塔努塔蒙。关于新国王在努比亚王室家谱中的身份，人们有多种说法：一些历史学家把他看成沙巴塔卡的儿子，即塔哈尔卡的侄子；而另一些人则意见相左，认为他是沙巴卡和塔哈尔卡姐姐的孩子。有人还推测，塔哈尔卡和塔努塔蒙之间可能存在短暂的共治，但这未得到证实。

塔努塔蒙自述他的登基加冕是如梦一般的奇迹：他的经历很大程度上会让人想起第十八王朝的王子图特摩斯四世加冕的奇遇。王子图特摩斯四世正在吉萨（Gizeh）狮身人面像下安睡，拉-哈玛基斯（Rê-Hermakhis，巨大狮身人面像的化身）托梦与他：若他能清除雕像身上压盖着的厚厚黄沙，拉-哈玛基斯便允其成王。塔努塔蒙的铭文，即梦碑（le stèle du songe，它和图特摩斯四世竖立在狮身人面像利爪间的石碑是同一个名字）记载如下：“国王加冕元年，尊贵的陛下于梦中见两蛇，一在右一在左。梦醒，陛下寻蛇，未果，便道：‘何事之于寡人？’有人答曰：

努比亚最后的法老塔努塔蒙在埃尔-库鲁的陵墓

面对亚述国王亚述巴尼拔的进击，塔努塔蒙不敌出逃，远走埃及避难纳帕塔。同先前的法老一样，他死后尸身被藏在了距离都城埃尔-库鲁不远的墓地里。其陵墓和他家族成员的陵墓相似，他们重新采用当时已不再使用的古老陵墓建筑式样：金字塔。

和其他的努比亚法老一样，塔努塔蒙的陵墓分为地上结构和地下结构两部分：地上结构为金字塔，地下结构由甬道、前厅和墓室组成。墓室顶盖呈拱形，壁画再现了夜空景象，蓝色的夜幕上黄色的五角星璀璨夺目。可惜的是，很多壁画都被洪水和泥流毁坏腐蚀掉了。尽管如此，我们依然能推断出，整个墓室墙壁是被石灰粉白后再绘上图画的。部分图案剩下的只有雏形轮廓，而一些比较完整的图案，细微处也失了原来的色彩，变成了黄色。尽管这是一座努比亚法老陵墓（黑法老），工匠们却依然按照法老形象的艺术创作习惯来描画国王，并赋予他们淡红肤色。

向赫蒙[33]（Hemen）供奉祭品的塔哈尔卡

法老塔哈尔卡身裹古埃及传统的缠腰布，头戴努比亚国王特有的无边圆帽，向赫法特城［Hefat，即今天的穆阿拉（Moalla）］的保护神赫蒙敬奉两杯酒，向其表达久旱后河水泛滥的谢意（现藏巴黎罗浮宫博物馆）。

‘您坐拥南方国家；征服北方国家；愿这两地王冠闪耀在您头上，让您执掌整个国家。……’”

一切都同图特摩斯并无二致，王子塔努塔蒙戴上了王冠。加冕仪式在纳帕塔城举行，可能在阿蒙神庙内，目的是以此来确保新国王君权神授的合法性。加冕仪式结束后，塔努塔蒙回到了底比斯。在那里，人们对国王的到来表示热烈而隆重的欢迎。此时，有权势的孟图姆哈特统治着埃及的都城底比斯。撇开其世俗职务不谈，孟图姆哈特还拥有阿蒙神第四先知的头衔。事实上，掌握宗教至高无上权威的并不是阿蒙第一先知，而是阿蒙神之妻、阿蒙神首席女祭司查佩努佩特二世。这样，尽管孟图姆哈特拥有

[33] 古埃及神话中的鹰隼神。——译者注

着毋庸置疑的权势，但他也只是阿蒙神首席女祭司的辅佐者。

鉴于效忠亚述巴尼拔的众王侯控制着三角洲地区，所以塔努塔蒙放弃了都城底比斯，转而去攻占了孟菲斯，面对埃及大军，孟菲斯当地的王子们纷纷臣服归顺。需要谨记的是上述这些事件都是梦碑所载，因此，这些记述免不了地带有个人主观色彩和志得意满的痕迹。通常情况下，历史事实同记载会稍有出入：面对从北方汹涌而至的亚述军团，塔努塔蒙避难底比斯，而后他又继续狼狈南逃，直至纳帕塔。面对亚述人的又一次突袭，埃及毫无招架之力。即便亚述人未摧毁城池，但他们把底比斯的城池和神庙都洗劫一空，还残酷惩罚城市居民。

努比亚国王怀有梦想：恢复古埃及的价值观，这个价值观曾使它在遥不可及的过去成为强盛的国家。他们在新建的神庙上雕刻历史题材，甚至还坚信这些形式会影响本质。他们寻找曾经，寻找失落的、几乎被遗忘的宗教辉煌，那些雄才大略的法老们感受过的宗教辉煌，他们是太阳神在人世的儿子。但是斗转星移，已然有太多的事发生变化，努比亚人的梦到了终点。塔努塔蒙再也没能回到埃及。随他一起消逝的还有库什特法老的统治和第二十五王朝。

档案：神之馈赠——巫术

巫术或赫卡（Heqat）同宗教联系紧密。无论是就个人层面还是集体层面而言，它对埃及人生活的影响都非常深远，埃及人把巫术当作是一种保护且有益的仪式。

自蒙昧时代以来，尼罗河沿岸的居民就对超出人类控制的自然现象充满了敬畏。他们无力对抗暴风雨、瘟疫以及毁坏田地的灾害、把村民生命置于险地的疾病。因此，他们需要找到能影响或者平缓自然力的方法。他们需要一位能同自然界沟通的交流者。起初，中间人是巫师。巫师是神和人的中介者，他拥有超感官能力，甚至还能同神的意念建立联系。这些方法类似于我们设想的巫术，而埃及人称其为“赫卡”。赫卡是诸神对人类的馈赠。总之，这是神才拥有的一种魔法能力。作为创世神阿吞—拉的第一个分身，赫卡获得了神的形态。他通常被描述成一个行走的人，头戴涅姆斯王巾[34]（némès），下巴有编起来的竖长胡须。从公元前最后一个千年开始，赫卡的圣体书名字就伴着“神”的符号一起出现，狮子的臀部被刻画在赫卡神的头上，因为它的语音表示“力量”和“强盛”。他的形象有时是双臂环抱胸前，佩戴蛇状标志；但也有坐着的儿童形象，稚气未脱的留着儿童发辫，头顶太阳圆盘。赫卡神是太阳船的船员之一，该船每晚巡视冥界。

人们不禁要问巫术赫卡和宗教的区别是什么。假定存在差异的话，那这个差异也很微小。事实上，宗教和巫术往往会被混同起来：二者合力造就了埃及人的日常生活，并且涵盖其中的方方面面，包括他们的劳作以及修行。

伟大的女巫——伊西斯 埃及被赋予最强魔法的女神，她命令眼镜蛇咬伤拉神，而后拯救他。

[34] 从古王国时期到托勒密王朝，涅姆斯王巾是法老最具象征性的帽子，由亚麻布制成。人们今天所见的金面具即是。——译者注

侏儒神贝斯（Bès）

由于该神头戴无羽棕榈叶冠冕，人们便赋予了他非洲血统。起初，贝斯是赛特的同盟者，但是他爱上了河马女神塔沃里特（Taouret）。这对夫妇被列为儿童和生育的保护神。保护神贝斯常常挥舞着长剑或盾牌。当孩子们最无防备即进入梦乡的时候，他那乱蓬蓬的胡须和奇丑无比的面容就能在这时吓退敌人。他不仅保护儿童，也保护成年人，这也解释了为什么他的形象会被描绘在枕头上[35]。但是，人们也会看到演奏乐器以及作为舞者的贝斯神。他那极具个人特色的肖像也会出现在古埃及晚期神庙里玛米西庙内，人们在那里按照他的肖像塑造了数尊雕像，比如仍保留在丹德拉（Dendérah）或是现藏于罗浮宫博物馆的雕像，第二尊雕像是马里埃特在塞拉皮尤姆神殿遗址处发现的。

巫术和医学

从巫术与医学的关联来看，当病人病入膏肓时，巫术是最后的良药。关于这一点，纸莎草医书向我们揭示，得到死亡诊断即不再有痊愈希望的病人会呼喊：“我是神（根据病人的意愿是某某神）希望继续活下去的人！”为了区别于百姓的私人咒语，官府的巫术会由社会阶层较高的医生和祭司来施行。著名的例子就是伟大的“普塔工匠大师”拉美西斯二世的儿子卡哈蒙瓦塞特。

巫术和医学的联系有一种乍看起来显得荒谬的解释。医学的守护神是女狮神塞赫麦特（Sekhmet）。在尼罗河泛滥季节来临之前，沉积泥塘内有数以千计的致病因子。于是尼罗河河谷内疾病多发，而这种灾难会被归结到塞赫麦特密使的身上，它们是带有骇人名字的邪风，并以此种方式侵害最虚弱的人类个体。不过，众所周知的是，有能力散播邪恶的人也有能力结束它……或者缓和它。这也能解释为什么

[35] 古埃及的枕头由支座和支座上可安放休憩者的盘头部的盘状物组成，其首要功能是防止头部在睡眠中受到一些有毒爬行动物如蛇、蝎子的攻击。——译者注。

信仰女神的医生和祭司会口念咒语颂扬这位令人生畏的保护神，同时他们还会为了全国百姓或个别病人向女神祈求健康。

在陵墓和神庙中，多亏有了赫卡神的法力，壁画上的食物祭品才能具化为卡能吸收的形式，卡是逝者灵魂的组成部分。在古埃及，巫术无处不在，宣之于口的字词、书写的符号以及神殿内的雕塑都能拥有巫术的功用。根据刻在孟菲斯宏伟陵墓墓室上的金字塔铭文（les Textes des Pyramides），人们得以窥见巫术的影响。不同于一些让人生畏的带角蛇（比如字母表中的字母 f）符号，部分象形文字符号中会出现无头蛇。已经雕刻完成的这种爬行动物的浅浮雕，人们会特意毁坏它。对此，埃及学家有两种截然不同的解释，尽管二者都强调巫术的存在。对于这种去头的行为，一些人将它理解为避免尸身遭到蛇类袭击的愿望；而另外一些人则解释说，人们要阻止蛇从铭文中逃跑，否则铭文将失去巫术效力。这种几乎难以查证的解释却在后王朝时期找到了呼应。像埃德福神庙一样，当人们踏进古埃及晚期神庙的第一座庭院时便能看到被刀砍去脑袋的蛇。这座神庙由其他的一些类似符号保护着，比如四个跪在地上的囚犯，他们双手被绑，而后被焚烧于燃着熊熊烈火的炉子中，他们代表的是来自东南西北四个方位基准点的威胁。

可视化和咒语

同样，考古学也给我们提供了大量明显带有巫术意图的小雕像。在为保卫通往金矿的道路而修筑的努比亚军事要塞中，我们发现了由陶土捏造的绑着双手的敌人的陶像。人们通过陶像上的部落名字来辨别这些人物，其上还写满了谩骂和恐吓的铭文。这是一种巫术防御，或者说是一种心理上的防御，它甚至能在可怕的对垒发生之前就击败敌人。保存在罗浮宫博物馆中的另外一些小雕像则更加怪异。部分女性雕像全身赤裸，奇丑无比，甚至畸形如怪物一般，双手被缚至身后，耻骨的部位特别突出。这些雕像被捏造于中王国时期或者第二中间期时期，雕像凸显出的特点意在抵制定居埃及的移民潮。这些怪异的女性雕像很可能会使两性接触行为完全丧

乌加特："未受损伤的眼睛"

荷鲁斯之眼或乌加特。欧西里斯传奇讲述的是欧西里斯的儿子荷鲁斯长大成人后向他的叔叔赛特复仇的故事，后者杀了欧西里斯。荷鲁斯在搏斗中失去了左眼。托特神找回了这只眼睛，她还施巫术让眼睛重新获得它失去的液体[36]。托特神把眼睛归还给荷鲁斯时说："取走你的乌加特之眼。"乌加特是"完整的""健康的"的意思。自此，荷鲁斯之眼就演变成了同月亮有关且法力强大的一种重生护身符：它像月亮一样空缺又盈满，引人联想到月相。古埃及恒久不变的二元性也催生出右眼同太阳相联系的观念，从而形成宇宙的二元性。双眼被描绘在石碑、石棺上，中王国时期更是如此。荷鲁斯之眼的符号被用作护身符，它不仅能使双眼免受疼痛之苦，还能保证佩戴者生命重生、死后复活。乌加特之眼是既得古埃及人民偏爱又受法老青睐的护身符之一。和图坦卡蒙的胸饰一样美丽得让人迷醉的这些珠宝（如上图所示）佐证了这一点（现存开罗埃及博物馆）。

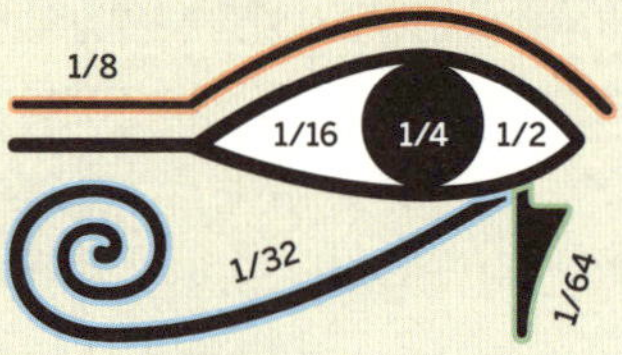

乌加特圣体书文字 乌加特之眼被分割为六部分，由此衍生出的象形符号表示谷物容量的分数和度量。人们将六个分数相加，应该得到整体单位"1"，但奇怪的是，缺少了六十四分之一。托特神负责找回缺失的部分，正是由于这部分的缺失传说才未被遗忘。

[36] 液体即羊乳。——译者注

失吸引力，从而成为防止在埃及土地上意外生育的灵药。

无形之中构成威胁的整个咒语体系为巫术大师所用，它的基础是对即将到来的邪恶进行视觉化加工。疾病或自然灾难是没有物质形式的，它们已经超出了常规手段所能触及的范围。于是，巫师把危险想象成一个被阻止动作的敌人，双手被绑缚身后，委顿不堪。人们塑造出呈这种姿势的小雕像，当邪恶拥有“人”形后，巫师便吟诵巫术咒语。接着，人们掩埋这个小雕像，但要当心损坏它。它的碎片仍然带有危险的邪恶残骸。焚烧依然是从物质和灵魂上彻底摧毁邪恶的唯一方法。这就是人们，特别是希腊罗马时期的人们，用原始蜡捏造这些雕像的原因。在把雕像扔进烈火进行焚烧之前，人们还要宣读必需的惯用咒语。

罗浮宫博物馆保存着一件希腊罗马时期的黏土小像，尽管雕像上插有数根针，但是我们不应该把它同伏都教[37]的物神混为一谈。包裹雕像的金属片上刻有铭文，铭文明确指出，该雕像即施术的对象是一位名叫托勒密（Ptolémaïs）的女性。被针插着的身体部位或直接或间接地都同性相关，但是这些针还没有中世纪时期它们才获得的攻击功能。在当时，它们的使命还只是让被插的身体部位为施法者所控制。所以，我们看到的这种情况是与爱情有关的巫术：一个男人单相思，深爱着托勒密。

护身符和珠宝

护身符通常是经过加工并被赋予魔法属性的小型物件。在古埃及，甚至在久远的前王朝时期之前，人们就发现了一些没有明确用途的切割石块，这些石块被理所当然地当作了魔法宝石。今天人们能确定的是，纵观整个法老历史时期，珠宝和部分金银制品都是用于预防疾病的护身符。

因而，信教又迷信的人民便生生死死都离不开护身符。它们被镶嵌在指环、手镯和项链上，这些物品也反映出所有者的社会地位。最珍贵的宝石——这里我们只

[37] 伏都教，又译“巫毒教”，拉丁文为 Voodoo，起源于非洲西部，是最为人熟悉的非洲信仰。它是糅合祖先崇拜、万物有灵论、通灵术的原始宗教，有些像萨满教，是贝宁的国教。——译者注

神的象征：圣甲虫

埃及人是大自然的敏锐观察者，他们很早就注意到一种极其活跃的鞘翅目昆虫的怪异行为。甲壳虫用后爪移动粪球，并将粪球带到它的地下洞穴。甲壳虫消失于洞口后方后，还会再次出现，并重复这项艰难的任务。随后，埃及人观察到众多幼小甲壳虫从洞穴中爬出，但他们并未看到昆虫有交配的动作。为了赋予这个现象某种宗教说法，人们既不需要知道雌甲虫一直藏匿在洞穴中直至后代孵化出来，也不需要了解粪肥本就是甲壳虫的首要营养来源。能够独自孕育生命的活物必定是太阳神拉的化身。而且，埃及人还把粪球同太阳圆盘联系在一起。他们理所当然地认为甲壳虫就是朝阳拉神的第一化身，并称其为凯布利（Khépri）。而埃及学里的名词圣甲虫指的是古埃及人生前死后都最喜欢佩戴的护身符。人们用各种各样的材质制造它，其上饰有数千种珠宝。法老会在他们最正式的胸饰上都饰有圣甲虫，既因为它是拉神形象的体现，也因为它能确保逝者生命的再生和生机的持续恢复，这种方式同太阳沉于西方而又再次重生闪耀于东方的地平线之上一模一样，并且又都循环往复，无休无止。如上图所示，这是一件彩釉嵌肉红玉髓的胸饰，其主人是新王国时期的某位高官，胸饰中间嵌着圣甲虫，在圣甲虫的两边分列着伊西斯和奈芙蒂斯[38]（Nephtys），这两位女神都崇拜太阳船上的圣甲虫（现存柏林埃及博物馆）。

[38] 奈芙蒂斯是古埃及神话中房屋和死者的守护神，也是生育之神。作为死神的守护神，她常和姐姐生命女神伊西斯一同出现在冥王欧西里斯的身后。——译者注

列举最常见的，比如青金石、肉红玉髓或者绿松石，都是寻常百姓接触不到的。鉴于除了切割样式外，这些昂贵材料的色彩也能赋予护身符魔法能力，所以最底层百姓能拥有仿照原石制作的彩色陶器或釉器也会心满意足；护身符的魔力能够改变原材料的材质。但是护身符需要激活才能发挥作用。刚刚塑造好的辟邪物要让祭司吟诵神秘咒语，以便赋予其保护能量。通常，人们在工坊内制造护身符，这些工坊隶属于规模宏大的神庙。工坊生产的护身符和新王国时期《亡灵书》的抄本一样，都是僧侣阶层的重大收入来源。人们会把精简版的神秘咒语记录在几小片纸莎草纸上，接着把纸莎草纸折叠成小小的盒子。护身符项链是由七个（“七”是头部腔窍的数量，该数字有魔力）珍珠样子的这种盒子缝合而成的，它被戴在孩童和新生儿的脖子上。参照这种做法，人们又发明了一种良药：把巫术咒语书写在柔软纸莎草纸上，而后将其溶解在酒中，从而构成一种广受欢迎的药物。

符号形式

鉴于护身符数量众多，形式多样，那么关注护身符的颜色也就很有必要了。绿色护身符会让人想起河水泛滥后纸莎草茎的重新生长。这种新生连接着希望：同自然一样，逝者也能再生。这就是纸莎草茎或瓦吉作为广受古埃及人喜爱的护身符的原因，这种护身符通常由绿松石色或者绿色釉质的材料制成。这种颜色更多地被用在陪葬雕像或替身俑乌仆布蒂上，意在强化再生的意念。

著名的伊西斯结，或提耶特（tyet），也是一种非常流行的神圣护身符。它同欧西里斯的脊柱（la colonne djet d' Osiris）以及伊西斯的经血密切相关，通常由红色光玉髓切割制成或由同种颜色的釉陶雕刻而成。使用这种颜色有显而易见的原因：红色是代表心脏或伊卜[39]（ib）的理想颜色。赭石颜料从黄色至深红色应有尽有，且大量被用于制作同太阳神相关的护身符。

尽管护身符的出现早于古埃及历史，但是人们对它的使用始终没有减少：甚至

[39] 伊卜，即心，意为良知，它给人以善或恶的品性，是人的一生品行中唯一的见证。人死后，它被放到欧西里斯审判庭的善恶秤上过磅。——译者注

《亡灵书》中的巫术仪式 如图，这是第二十一王朝《亡灵书》中的一个情景，描绘的是祭桌前的冥神欧西里斯和伊西斯。

恰恰相反，自古埃及后期[40]（Basse Epoque）起，它还经历了惊人的繁荣，其传播范围更是在罗马希腊时期达到最广。

[40] 古埃及第三中间期后的一个历史时期，约公元前664年—公元前332年，即从第二十六王朝创立到第三十一王朝的覆灭，也有资料将其译为“后王国时期”。——译者注

最常见的护身符

节德柱[41]（le pilier Djed） 欧西里斯的象征，就是这个树状物收容了冥神的尸身，它搁浅在比布鲁斯海岸后被用作了柱石。这种护身符是用于丧葬的，能保证木乃伊尸身的永存。

提耶特或伊西斯结 伊西斯的护身符同欧西里斯的脊柱相关，人们尚不知道伊西斯结的真正含义，曾猜想它是一块打结的布或是生命之匙安卡的变体。它能强化女神对该护身符持有者的保护。

神像 这类护身符上雕刻有万神殿诸神，无突出特点。它拥有预防疾病的特质，根据持有者的虔诚度对他们进行不同程度的保护。

安卡或生命十字架 对安卡的解释众说纷纭。该护身符用以保证永生。在神庙和陵墓中，只有神和神授君主才能佩戴它，也只有他们才能赏赐安卡于他人。

小型求子雕像 这些小型雕像上写有死者妻妾的名字，它们作为还愿物被赠送给想孕育子女的已婚女子，用以解决不孕的问题。

兽状雕像 兽类形象的护身符多到难以计数，它们始终表示化身为动物的神。这些护身符并不是动物崇拜的表现，它们只是简单的神祇雕像的演变。

[41] 节德柱是冥神欧西里斯的脊椎骨。——译者注

蒙托姆哈特半身像

底比斯城主的雕像被发现于卡纳克阿蒙神庙的储藏室（现存开罗埃及博物馆）。第121页的图片：属于阿蒙神首席女祭司阿蒙·尼托里丽斯（Amon Nitocris）的一个盒盖（现存巴黎罗浮宫博物馆）。

塞易斯王朝的复兴

随着亚述统治的横空出世以及最后一位努比亚法老的废黜，塞特人，也就是尼科和他的后代，深受库什特人思想的启发，开创了另一个历史时期。这是一次艺术复兴：它既借鉴了古代的传统和主题，又有自己的风格，它是新的、更加现实的、更加个性化的艺术模式的起源，并在后来的托勒密王朝被广泛传播。

被敌人亚述巴尼拔特赦后，尼科这位在塞易斯起义的诺姆长官回到了他的城市，并在那里接受表彰，殊荣加身。他以蒙赫普里的名字自封为王，这是第十八王朝的法老图特摩斯三世以及七个朝代后的努比亚法老皮耶的登基名字。尼科一世是第二十六王朝的开国之君。又一个历史时期徐徐展开，人们称之为古埃及后期，它从第二十六王朝开始一直延续到亚历山大大帝攻占埃及。尼科一世薨逝后，普萨美提克一世继任王座，成为上下埃及的唯一君主。他的王衔得到了亚述国王巴尼拔的认可，后者曾任命他为阿特里比斯王子，并施恩于他，助他登上王位。新君定居塞易斯城，这是他从父亲那里继承来的家族封地。然而，埃及的统一并未得到保证。普萨美提克一世的王衔只是礼仪名头上的，因为直至他即位的第 8 年，在三角洲地区之外，新上位的王子们仍拒绝俯首称臣。几乎是在同一时期，由于赫拉克里奥波利斯城的王子萨姆图特纳赫特（Samtoutefnakht）的支持，国王最终获得了底比斯和整个上埃及的臣服。

在宗教方面，阿蒙神首席女祭司——查佩努佩特二世和阿梅纳尔迪斯二世——凭借远超男性僧侣的治国理政才能，成为底比斯真正的王。鉴于二者权势滔天，普萨美提克一世便让她们收养他的女儿尼托克丽斯，用以确保底比斯的稳定。与此同时，地位不可撼动的底比斯王子、阿蒙第四先知蒙托姆哈特（Montouemhat）仍保有他的政治与宗教影响力，尽管在宗教上他要服从阿蒙神之妻的命令。尼托克丽斯继任阿蒙神之妻后，强化了宗教品级间的从属关系。

人们审视情况会发现，蒙托姆哈特依旧表现出对努比亚王朝的拥护，他将自己地位的获得归功为前王朝的恩典。这也是普萨美提克一世将女儿尼托克丽斯安插在女祭司权势集团中的另一个原因，他要借此牵制大权在握的蒙托姆哈特和出身努比亚的阿蒙首席女祭司们。

今天，人们可以参观蒙托姆哈特家族在底比斯的埃尔-阿萨西夫（El-Assasif）建造的陵墓，巨制的陵墓规模可以让大家对这位王子的权势有一个概念。王子的雕像是又一例证，保存下来的有十五尊左右。在这其中，部分雕像同 1904 年乔治 · 莱格林（Georges Legrain）在“卡纳克神庙储藏室”中发现的一样，它们都拥有被摆放在阿蒙神庙中的特权，而这种特权通常为国王所有。

埃及终于迎来了政治上和宗教上的稳定。先前的敌人亚述帝国演变成了关山万里外的盟友，它对两地国家的影响也只剩余音了。据希罗多德所载，亚述人被普萨美提克一世击败并遭到埃及人的驱逐，然而这一假设似乎并不可信，原因是：在这位希腊历史学家的描述中，埃及军队当时正在巴勒斯坦的土地上围困城市阿什杜德……在围攻阿什杜德整整 29 年后才占领了它！人们完全有理由认为，普萨美提克一世想要“粉饰”他君临天下前的情景。这可能是，甚至很有可能是，埃及国王在某一既定时间，故意留下所谓的对抗亚述帝国的征战痕迹。然而我们只有希罗多德这份引人存疑的记载，再无其他的文献资料。考虑到当时的情形，认为普萨美提克一世敢于投身这项大胆而又胜负难料的冒险行动简直荒谬，更遑论 29 年了。

但不管怎样，在粉碎了西部三角洲地区的几次小规模叛乱后，普萨美提克一世为了加强国家边防，开始在埃及的天然门户处长期驻扎军队。在西部，一股分遣队阻止了利比亚人的入侵；在东面，埃及戍军消除了亚洲人入侵的所有可能性。相对而言，南方更让人担忧，因此国王将一支更加强大的部队部署在象岛，这里对埃及来说是埃及努比亚边界的最后一个堡垒。整个埃及就这样得到了保护和控制。一个新的繁荣时代即将开启，塞易斯朝代奢侈的装饰艺术就是其重要的体现。

普萨美提克一世执政

起初，普萨美提克一世治国方略的重点在于主动采取措施掌控整个国家，并避免地方叛乱的再次爆发。上埃及的重要枢纽是位于底比斯南边的埃德福，普萨美提克一世任命他完全信任的奈斯瑙尤（Nesnauiau）为“世袭贵族”，并把最高的治理职务委任于他，而奈斯瑙尤本是埃德福当地的荷鲁斯祭司。由此，普萨美提克一世不仅控制了底比斯以南地区，也控制了和努比亚接壤的边境之地，该地由一支强大的戍边队伍守护着。

政治上征服南方后，国王把底比斯以北地区的管理委托给世袭贵族、赫拉克里奥波利斯城的将军和埃及海上舰队的统领——萨姆图特纳赫特。他陪同尼托克丽斯到底比斯履任圣职。总的来说，普萨美提克一世试图通过加强军事防御、提高统治阶层和农民的生活水平来谋求国家一时的平静。他开放并保护连通埃及南部和西部绿洲的交通道路，并希望以此实现国家稳定。在沿海地区，他恢复了亚述人统治期间同腓尼基商船中断了的贸易往来。我们也了解到，他极其优待定居埃及的希腊人，还论功行赏那些为他登上帝座做出贡献的雇佣兵。这些雇佣兵被编入由埃及士兵、努比亚人和亚述人组成的国家军队。驻扎在象岛上的南部军队是阻止努比亚人入侵

第二十六王朝的法老

公元前672年—公元前664年

为尼科一世 王朝的缔造者。

公元前664年—公元前610年

普萨美提克一世 在亚述和努比亚政权后，他重新统一了埃及，为塞易斯王朝的“复兴”打下了基础。

公元前610年—公元前595年

尼科二世 该法老在其当政期间为了修筑连通尼罗河和红海（la mer Rouge）的运河，大兴水利工程。但运河工程并未完工。

公元前595年—公元前589年

普萨美提克二世 该国王彻底清除了努比亚人这一威胁，他把努比亚人驱逐至第三瀑布。

公元前589年—公元前570年

阿普里伊（Apriès） 该法老统治期间的标志性事件是：他就是否应该优待希腊人这一问题，同埃及臣民进行论战。

公元前570年—公元前526年

阿玛希斯二世（Amasis，亦译为雅赫摩斯二世） 他是阿普里伊治下的将军，通过军事手段称王。在他统治期间，巴哈利亚绿洲（oasis d'Al-Bahariya）逐渐强大并富有起来。

公元前526年—公元前525年

普萨美提克三世 塞易斯王朝最后一位法老，他不得不迎战得到贝都因人帮助的强大波斯帝国，最后战败。

埃尔-阿萨西夫的宫殿陵墓

作为底比斯王子、上埃及的统治者和阿蒙第四祭司，蒙托姆哈特的陵墓是埃及已知雄伟宏大的陵墓之一。它的占地非常广阔，能容纳多人在此长眠。

和他一起埋葬在这里的有蒙托姆哈特的家族成员，以及一些为表忠诚希望能安睡在他身旁的人。陵墓地上结构的中轴线东西走向，由三道高大的塔门构成，塔门由泥砖垒砌而成，其中，横穿第一道塔门而过的门洞留存下来了（见125页图）。地上结构是陵墓的公共场所，人们在这里进行日常的祭祀供奉。进入陵墓内部，要经北部塔门，然后取道通往不同大厅的长廊。沿着长廊转过直角后，来到露天开阔的庭院，庭院墙壁上绘制有成束的纸莎草和一方小水池。庭院通向另一座庭院，第二庭院的后面是开凿在岩石上的私人房间。再转过数个水平层，墓室就到了。奇怪的是，即便这一切看起来都是为埋葬而准备的，但是人们既没有发现石棺，也没有发现木乃伊。

的真正屏障，更加众所周知的事实是：这支队伍混杂着多个民族。由于王侯家族主导反叛的威胁始终笼罩着三角洲地区，普萨美提克一世为了确保对它的控制，鼓励在此建立大量原希腊雇佣兵居住的侨居城市。

这些城市以爱琴海人为主，这一核心力量构成了崭新而又史无前例的巨大经济活动驱动力。三角洲地区的希腊人借助腓尼基船队，充当埃及同爱琴海希腊港口进行贸

易交流的中间人。埃及的出口主要以谷物、亚麻和纸莎草为主。希腊人在埃及境内开设工厂，埃及的出口也因此受益。大量财富的创造促成了文化交流活动的盛行。在这个方面，埃及人尽管身处幽闭的河谷，却比来自地中海北岸的希腊人做出了更大的贡献。大批旅行家既渴望发现埃及这个神秘国度的秘密，又想要了解它的宗教世界，于是一个新的职业应运而生：向导翻译。作为当今旅

普萨美提克一世和哈托尔

黑色页岩雕塑描绘的是：这位法老正受到哈托尔的保护，伟大的哈托尔女神的形象是奶牛。

法老尼科二世的圣甲虫

尽管这位法老留存下来的物品寥寥无几，但其中却有多件圣甲虫。这些圣甲虫上面都有标着法老出生名和登基名的象形茧。如上图中的圣甲虫：国王佩戴着醒目的王权象征物，立身于图画中间；且有两位女神分列两旁，保护着他。

美吉多山丘航拍图（第127页）

塞易斯王朝的法老们欲效仿先辈，把埃及边境推进到近东地区。从这方面来看，美吉多历来是战略要塞之一，也是法老军队进军叙利亚（Syrie）必经的交通要道。

游业的先驱，向导翻译在年代久远之时便开始作为陪同者在埃及土地上穿梭来往，所经之地多古老庙宇。埃及以前所未有的方式向世界开放了。

但是，这种暂时性的或永久性的移民潮也有弊端，并且它不可避免地会造成文化冲突。随着大量外族人怀着有利可图的目的涌入埃及，越来越激昂的埃及民族主义情绪兴起。以重拾外族统治前的道德标准和宗教价值为中心，埃及人重新凝聚起对埃及本土事物的兴趣。艺术是一项能最好地展现这种溯古风潮的活动，纵观整个塞易斯王朝，对复古的追求被广泛认为是更加正当和纯粹的。人们不仅复制新王国时期的古老建筑典范，还仿制古王国时期的孟菲斯马斯塔巴[42]（mastaba）陵墓。塞易斯的艺术家们使用传统的网格换位体系，刻画在最古老的绘画和浅浮雕上的网格在今天仍然清晰可见。普萨美提克一世的漫长统治期估计有54年之久，可以归结为复古风潮的开端，而这一开端最终将被证实是朝向未来的复兴。

尼科二世徒劳无益的胜利

普萨美提克一世薨逝时，埃及是一个稳定的国家，且几乎不受任何外族势力的制约。法老的儿子尼科二世继承父位，彼时亚洲时局动乱。

亚述巴尼拔逝世后，依靠强大的军事力量建立霸权地位的亚述帝国威风不再。巴比伦尼亚[43]（Babylonie）的国王

[42] 马斯塔巴是古埃及人的一种平顶梯形的墓葬建筑，早在前王朝时期就作为王公贵族和高官们的陵墓而流行，后演变成了王室专用的金字塔。——译者注

[43] 巴比伦尼亚：美索不达米亚中南部（今伊拉克境内）的一个古代文明地区，首都为巴比伦。——译者注

那波帕拉萨尔[44]（Nabopolassar）成功地摆脱了亚述帝国的掣肘，并同米底国王基亚克萨雷斯（Cyaxare）联姻结盟[45]。两国联军袭击亚述都城尼尼微并摧毁了这座城市。随着尼尼微的陷落，亚述帝国几乎已完全覆灭，并移交到了征服者的手中。尼科二世对此情形忧心不已。如果说在普萨美提克一世执政期间与亚述人之间的和平才使埃及得以繁荣的话，那么此时也许是时候出兵干预该战事，以及试图部分重现昔日埃及帝国的辉煌了。

对亚述帝国瓜分的结果是，巴比伦人坐拥亚述和美索不达米亚（Mésopotamie）东部地区这一广袤的疆域；亚述帝国版图剩下的那一部分落到了米底国王基亚克萨雷斯的手中。就是在这一政治背景下，尼科二世决定兵发亚述。《列王纪（下）》（23：29）明确指出：尼科二世元年，国王“北上对抗亚述国王，直指幼发拉底河（Euphrate）”。埃及法老信心十足，认为他的排兵布阵占尽了优势，因为相对于已被消灭的亚述主力军来说，他所迎战的将是军士数量不多的队伍。此外，亚述新国王、亚述巴尼拔的继承人，亦是埃及人的同盟，因此同巴比伦人那波帕拉萨尔交战对尼科二世有利。双方在美吉多开战，尼科二世似乎占了上风。战斗中，与那波帕拉萨尔并肩作战的犹大国王约西亚（Josias）战死。约西亚的儿子约哈斯（Joachaz）即位，但被埃及俘虏，尼科二世将其押至埃及，这使得约哈斯的弟弟约雅敬（Joachim）得以问鼎犹大王座。埃及从沉睡中醒来，收回了部分失去的帝国疆土，并使耶路撒冷成为它的附庸地。

埃及军队攻城略地，势如破竹。尼科二世率领其麾下的希腊雇佣军，攻占了整个亚述城。此时，有待他攻克的只有原亚述帝国的另一半疆域了，但是为了遏制埃及人的推进，巴比伦国王那波帕拉萨尔任命其子尼布甲尼萨二世（Nabu-chodonosor）为军队统帅。尼科二世兵败卡赫美什城（Karkemish），不得不撤回埃及。也许是仓促撤离的原因，法老失去了先前攻占的所有城池。阻止尼布甲尼萨二世兵临埃及、完成胜利伟业的唯一原因是那波帕拉萨尔的突然薨逝。尼布甲尼萨二世被拥立为巴比伦尼亚的国王。巴比伦君主在亚洲土地上胜负参半，他需要击退尼科二

[44] 公元前658年—公元前605年在世，是新巴比伦王国的开国君主，在位22年（公元前626年－公元前605年）。尼布甲尼萨二世是他的长子。——译者注

[45] 那波帕拉萨尔的儿子尼布甲尼萨二世迎娶了米底王国的一位公主。——译者注

尼科二世和腓尼基人的环非航行

寻找一条可到达非洲最偏远地带的海上之路：这是埃及法老心目中最具雄心壮志的计划。尼科二世下令开凿连接尼罗河和红海的运河，从而尝试实现这一目标。这次出行将使他环非航行一圈。

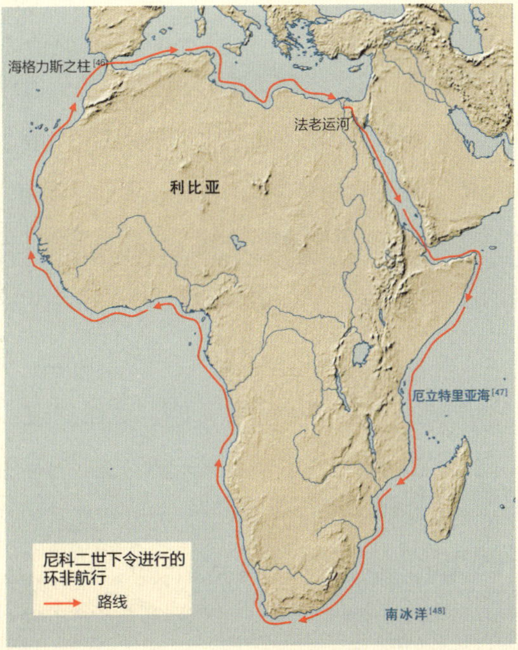

对于这次航行，埃及学家们存在分歧：一些埃及学家认为，航行并未完成；另一些埃及学家却不以为然。为了航行的顺利开展，埃及人需要腓尼基人的支持，因为腓尼基人拥有那个时代最坚固的船只和最丰富的海上知识。根据希罗多德的记述，从红海扬帆起航的航行前后持续了大约三年。越过海格力斯之柱后，船队进入地中海，航行结束。如下图所示，这件黄金项坠的图样就是一艘腓尼基船只（现藏巴黎罗浮宫博物馆）。

[46] 神话中最伟大的英雄。他是宙斯与阿尔克墨涅之子，天生力大无穷。——译者注

[47] 古代海名，包括红海和波斯湾地区。——译者注

[48] 也称南大洋或南极海，是世界第五个被确定的大洋，也是世界上唯一环绕地球却未被大陆分割的大洋，其环绕南极大陆，北边无陆界的独特水域。——译者注

世的盟友约雅敬委派的联军的进攻。双方交战之时，犹大国王薨逝，他的儿子约亚斤（Joachim，约雅敬之子）继位，但是，在尼布甲尼萨二世占领耶路撒冷后，新国王被俘。犹大王国落入约西亚另一个儿子的手中，尼布甲尼萨二世强行赋予其西底家（Sédécias）这个名字。

尼科二世不甘心维持现状，即使他已经意识到，进军巴勒斯坦可能会一败涂地，因为尼布甲尼萨二世麾下的巴比伦军队武器优良，兵多将广。法老决定改变排兵布阵的策略：相对于地面进攻，他更倾向于发动海上攻势。他命令科林斯城的船商们打造一支海上舰队，正是凭借着这只舰队，他才能保护埃及东海岸，以及地中海和红海的海岸地区。但是，正当海上包围巴勒斯坦的计划万事俱备之时，埃及国王薨逝了……

普萨美提克二世继承了其父尼科二世的王座。在他六年的短暂统治中，普萨美提克二世一方面继续父亲向亚洲发动的征战行动；另一方面，他在埃及南部对抗库什特人，投身于新一轮的战事中。关于他统治的记录几乎为空白，我们只能借助一些极其零碎而又缺乏连贯性的资料来填补这一空白。

南部叛乱

普萨美提克二世的祖父在埃及南部长期设置工事堡垒，这些堡垒能有效地限制努比亚人的秘密潜入，其主要目的是探查防御工事内的实时布防。库施国王安拉玛尼（Anlamani）根据布防情报衡量占领埃及的可能性。普萨美提克二世认为，消灭南方威胁的时机成熟了，准备发动战事。他组建了一支混杂各国雇佣兵的军团，包括希腊人、巴勒斯坦人、腓尼基人和埃及人。希腊远征军在阿布·辛贝神庙的拉美西斯二世巨人像上刻下了大量铭文，其中一处铭文使得今天的我们能够掌握埃及军队在努比亚人领地上所推进的程度。据这处铭文所载，埃及军队到达了克吉斯（Kerkis）地区，即“尼罗河河水枯竭的地方”以南。这个表达暗示的必然是某个瀑布，如果我们认为克吉斯就是遥远的克鲁格斯（Kurgus），这就意味着埃及人逆河流而上，到达了第五瀑布。根据其他的记载，例如在塔尼斯发现的一处石碑，其上写着埃及军队行进到了坦古尔城（Tungul）才停下，坦古尔是第四瀑布附近的栋古拉城的另一称谓。然而，碑文并未明确指出该注解对应的是埃及向南行军的一个阶段，抑或者这里是军队到达的最远点……

普萨美提克二世未曾御驾亲征；国王在象岛堡垒中任命其亲信之人为两支军队的统帅。于是，阿玛希斯将军统领埃及军队，剩余的外族军团则听从波塔西摩托（Potasimto）的调遣。人们根据为数不多可供参考的资料断定：埃及军队取得了碾压式的胜利。使这一论断广为流传的事实是：在第二十五王朝时期努比亚人建造的建筑物上刻写的象形茧以及国王王冠上的一条眼镜蛇被抹除了。埃及人一贯重视符号所代表的巫术力量；埃及人借此行为清楚地表明，库什特人可以是他们自己国家的君主，但不是埃及的君主，埃及的精神世界有了符号巫术，因而它是永不被征服的！于是，埃及人抹去那些他们不愿忆起的岁月痕迹。渴望从战胜努比亚中受益的普萨美提克二世，在他执政第四年，回到了克卡鲁（Kharu）地区，我们往往把该地区同腓尼基联系在一起。记录国王出行的纸莎草纸明确指出，国王让祭司随行左右，并有意表露此次友好之行带有明确的外交目的。实际上，出行的目的是彰显埃及的强盛。普萨美提克二世在返回埃及的途中，像得胜回朝一般，巧妙地展示了他那震人心魄的雄壮之师。这位埃及法老仍然憧憬着收复已丢失的亚洲土地。遗憾的是，关于帝王最后一次出行以及他薨逝的情况，我们的所知仅限于此了。

在埃及的犹太人和希腊人

作为普萨美提克二世的继承者，阿普里伊在位将近 20 年。尽管阿普里伊没有启动其父针对尼布甲尼萨二世筹谋的海上战役，但是埃及舰队似乎也带来了诸多实际的好处。希罗多德在《历史》[49] 第二卷中写道，阿普里伊的军队在陆地上推进到了西顿，舰队则由海路袭击了推罗人（les Tyriens，也可译为“泰尔人”或“提尔人”）。埃及想要自由出入腓尼基港口的主要原因是它需要购买雪松树。根据米南德 [50] 的记述，针对推罗城 [51]（Tyr）的海上封锁长达三年。但是，推罗国王马

[49]《历史》是希罗多德创作的一部历史著作，成书于公元前 443 年。主要部分是描写公元前 492 年—公元前 479 年发生的战争。全书共分 9 卷，第二卷主要介绍古埃及的情况。——译者注

[50] 古希腊雅典城邦的新喜剧诗人。——译者注

[51] 古代腓尼基人的城邦，今为黎巴嫩南部重要的港口苏尔。——译者注

阿普里伊时期的圣所

图片上是建造圣所使用的玄武岩碎块，它来自都城塞易斯。在圣所一侧的墙壁上，人们能看到8幅图画，其上绘有众神和圣船。该圣所是阿普里伊时期建造的，因为在塞易斯城的守护女神涅伊特图像的旁边赫然是写有阿普里伊名字的象形茧（现存布鲁塞尔皇家艺术与历史博物馆）。

卡尔巴勒（Makarbaal）不仅没有屈服，反而还通过赎买的手段获得了尼布甲尼萨二世的支持。新巴比伦国王也由此隐约预感到，经由海上或许可以中长期地占领埃及。

在埃及封锁推罗城前不久，巴勒斯坦发生了数起重大事件。由于犹大国王的叛乱，尼布甲尼萨二世摧毁了圣城耶路撒冷，数量众多的犹太人被驱逐到了巴比伦，这增强了新巴比伦国王的权势和威望。《列王纪（下）》（25：8—10）中写道："五月初七日（巴比伦王尼布甲尼萨二世十九年），巴比伦王的臣仆、护卫长尼布扎拉旦（Nebuzaradan）来到耶路撒冷。他用火烧毁耶和华的殿和王宫，又焚烧耶路撒冷的房屋；他将所有的大房屋都付之一炬。跟从护卫长的迦勒底（Chaldéens）全军，拆毁了耶路撒冷四围的城墙。”

为了躲避尼布甲尼萨二世的报复行为，众多犹太人纷纷避难埃及。《耶利米书》[52]（*Livre de Jérémie*）第 44 章的第 12、13 和 14 节描述了犹太人的出逃：“那定意进入埃及地，在那里寄居的，就是所剩下的犹大人，我必使他们都灭绝，必在埃及地扑倒，必因刀剑饥荒灭绝。从最小的到至大的都必遭刀剑饥荒而死，以致令人辱骂，惊骇，诅咒，羞辱。我怎样用刀剑，饥荒，瘟疫刑罚耶路撒冷，也必照样刑罚那些住在埃及地的犹大人。甚至那进入埃及地寄居的，就是所剩下的犹大人，都不得逃脱，也不得存留归回犹大地。他们心中甚想归回居住之地。除了逃脱的以外，一个都不能归回。”

阿普里伊并不反对犹太人来到埃及，但是这却引起了耶利米先知诅咒他自己的民众。他借上帝之口预言：“我必将埃及法老和弗拉（Hophra）交在他仇敌和寻索其命的人手中，像我将犹大王西底家交在他仇敌和寻索其命的巴比伦王尼布甲尼萨手中一样。”

自多利安人[53]在昔兰尼[54]（Cyrène）创立城市以来，希腊人便开始向利比亚移民，阿普里伊统治期间，这种移民越来越频繁，多处新殖民地在利比亚落地。面对这种大面积的领地侵占，利比亚人向埃及求助。当然，阿普里伊不可能派遣希腊士兵去对抗他们的同胞。于是，他抽调一支由埃及人组成的部队，命令其向昔兰尼行进。结果埃及军队不仅战败了，而且该军事行动还导致定居在埃及的爱琴海裔（即希腊人）爆发了叛乱。阿普里伊担心叛乱范围扩大，急忙征召手下最骁勇善战的将军阿玛希斯，并委以平叛重任。阿玛希斯享有的威信以及驱使他前进的雄心壮志是他发动政变的重要原因。事实上，阿玛希斯趁着王室力量薄弱背叛了阿普里伊，自立为王。阿玛希斯的军队需同唯一效忠正统国王的队伍作战，即同希腊雇佣兵组成的阿普里伊私人卫队作战。尽管双方力量悬殊，阿玛希斯依

[52]《圣经》旧约的一卷书，共 52 章。记载了先知耶利米的预言。耶利米生于祭司家庭，约西亚王第十三年（公元前 627 年）蒙召。被称为“流泪的先知”。——译者注

[53] 多利安人是古希腊人主要部落之一。——译者注

[54] 曾是一座重要的古埃及城市，位于今利比亚境内的古希腊城市，始建于公元前 7 世纪，公元前 4 世纪到公元前 5 世纪经历了它最繁荣的时期。现存有昔兰尼遗址。——译者注

塞易斯时代的雕塑艺术：转向写实主义

塞易斯王朝的法老们拥有的特征是：试图通过与古老传统重新建立联系，从而使其权力合法化。这种怀旧趋向表现在所有的艺术领域，因为艺术是表达与古代法老具有亲缘关系的载体。同部分著作的断言相悖的是，法老们的灵感来自古王国和其他时期，但并非复制古代的艺术典范，而是做了一些细微调整，特别是在服饰和家具这两个方面，它们都带有第二十六王朝自己的风格。雕塑方面，塞易斯王朝塑造人物的模式发生了变化。由于构成网格[55]的方格数量增加了，人物的体态更加修长。塑造的人物或站或坐，或独自一人或三五成群。在当时，书吏坐姿式的人物雕塑非常受欢迎，而且人们进行了一些创新。如图所示，这尊侍奉贝斯神的官员雕像就是一个活生生的例子（现存西班牙首都里斯本的卡卢特斯·古尔本基安博物馆）。人们往往还会采用另一种类型的雕像，即奉持小型圣所或神龛一类的雕像。雕塑而成的主人公捧着内有神像的圣所。

❶ **假发** 此雕像的腿的姿势有创新，但假发的发饰、发型以及其他的仿古元素还是会让人想起古王国时期的雕塑。

❷ **缠腰布** 工匠们在制作雕像时会使用官员的缠腰布，以便记载雕刻的人物的名字和称号。如图，我们能在其上看到贝斯神的名字和普萨美提克一世当政时该人物的官衔。

❸ **登峰造极的技艺** 雕塑家们如此精巧的作品让人联想到皇家作坊，尽管在当时，已经存在技艺精湛的外地作坊为高级官员服务。

❹ **腿** 双腿交坐呈书吏姿势的雕像由来已久，但是在这个时期，我们看到，部分雕像会一腿曲起，营造出一种不对称的奇异效果。

[55] 古人在制作大型雕刻时，要在石料上画好水平线和垂直线，打格子取料，使用简易测量定位的方法进行雕刻。——译者注

贝斯神面部的眉骨轮廓、微呈杏仁状的眼睛以及极具时代特征的塞易斯微笑都说明这是一个细致的作品。作品整体所呈现的是一副安详柔和的面孔，还兼有同其职务相称的庄重。

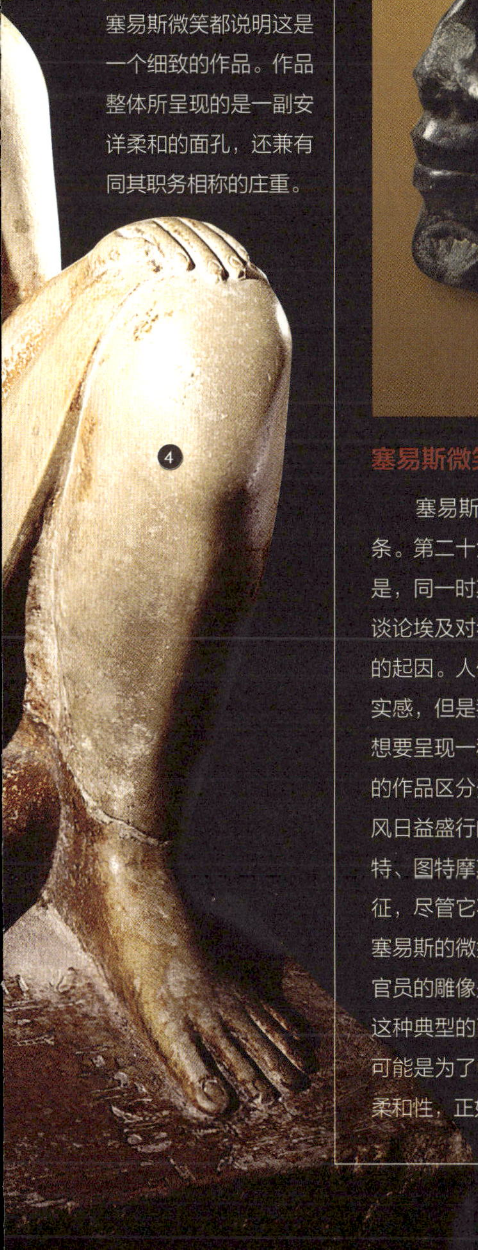

塞易斯微笑

塞易斯时代雕塑拥有的特点之一是拥有“塞易斯微笑”之称的面部线条。第二十六王朝时期大多数人像的双唇都上翘，就像在微笑一样。奇怪的是，同一时期希腊的雕像也带有这种所谓的旧时微笑。因此，人们才会一直谈论埃及对希腊艺术的影响，或者声称埃及同希腊人的接触是这次艺术演变的起因。人们称这种面部表情为“微笑”，尽管这副面孔塑造出了高度的真实感，但是我们不要忘记这是一种理想化的艺术。这种微笑并不意味着人们想要呈现一种精神状态，它更有可能是展示一个细节，能将这些雕塑同先前的作品区分开的一个细节。从这副面孔上，有些学者看到了这个时代复古之风日益盛行的又一个典型特征。在新王国时期的作品中，尤其是哈特谢普苏特、图特摩斯三世或者阿孟霍特普三世当权时期的作品，已经出现了这种特征，尽管它不像塞易斯时期那样明朗。还有一些埃及学家提出了假设，认为塞易斯的微笑是自普萨美提克一世执政后才出现的。具体来说，侍奉贝斯神官员的雕像是第一个具有这样特征的典型，正是由于这个原因，人们才认为这种典型的面部线条是从三角洲政府迅速传到整个埃及的。这种微笑的出现可能是为了中和努比亚时期雕像的生硬。无论如何，它都增强了面部表情的柔和性，正如人们在上图中看到的那样（现存都灵埃及博物馆）。

瑙克拉提斯（Naucratis）：希腊第一处境外殖民地

大批希腊商人会聚埃及以及希腊雇佣兵的出现都为第一处希腊殖民地的创建提供了有利条件。考虑到战略因素，殖民地的选址早已预留好了：它坐落在西三角洲地区尼罗河卡诺比克支流（la branche canopique du Nil）上，拥有一个港口，方便海上贸易往来。

尽管希罗多德将瑙克拉提斯城的创建放在了阿玛希斯的统治时期（原因可能是这位执政者亲近希腊人），但是考古学证据倾向于普萨美提克一世时期。遗憾的是，由于诸多现代城市纷纷从这些古老废墟上拔地而起，我们几乎难以重现法老时代的种种遗迹以及这座手工业和商业发达的殖民城市。19世纪末，埃及学家弗林德斯·皮特里着手这里的发掘工作，这使古城的部分面貌得以重见天日。考古发掘分为两处广阔区域：一北一南。大多数希腊遗迹集中在北部；为数不多的埃及建筑遗址坐落在南部。人们在北部发现了：❶ 水手保护神狄俄斯库里兄弟的神庙（temple de Dioscures）与❷ 阿波罗（Apollon）和赫拉（Héra）神庙，它们都是用石头建成的，似乎由米利都（Milet）和萨摩斯[56]（Samos）的居民所筑。在南部，分布着一处重要的圣甲虫制作工坊和❸ 一座被称为阿芙洛狄忒（Aphrodite）的神庙，该神庙的前身是献给女神哈托尔的围墙。在殖民地的最南端，❹ 阿蒙神庙巍然耸立，它建于古埃及后期，是一座大型的泥砖结构建筑物，皮特里将其命名为“大台美诺斯”（le grand téménos），并被认定为赫拉尼奥[57]（Hellénion）。但后来的发掘表明，赫拉尼奥位于城市的中心，这里其实是人们祭拜阿蒙神的地方。

然赢得了这场战役的胜利。阿普里伊被俘，而后被囚禁在他自己的宫殿内。阿玛希斯面对诸将领的请求，违背意愿将先国王交由埃及人民审判，根据希罗多德的记载，国王最终溺毙而亡。

[56] 萨摩斯是位于爱琴海中部的岛屿。——译者注

[57] 希腊人在专门划出的供他们设神庙祭坛的土地上供奉各自城邦的主神，其中规模最大，也最有名而且香火最旺的就是被称作赫拉尼奥的宗教社区。——译者注

瑙克拉提斯的基里克斯杯（Kylix） 用于喝酒的基里克斯杯，发现于古代殖民地的港口。其上采用黑绘技术进行雕饰（现存巴黎罗浮宫博物馆）。

再次，另一个已被证实的说法同希腊历史学家的记述相悖，因为阿普里伊希腊雇佣兵团与阿玛希斯军队之间的冲突发生在后者执政的第三年。因此，要么阿普里伊在战败后又成功组建了自己的队伍，并向背叛自己的将军宣战，要么就是两王之间存在共同执政时期，一些研究佐证了这种说法。但是不管怎样，事实是阿普里伊逝世后，人们按照帝王传统为其举行了葬礼。

第二十六王朝的落幕

国王篡位登上王座带来了问题，正是埃及不久前才经历过的问题：帝国中新君主的拥护者和反对者各自为营，彼此敌视。在同希腊雇佣军的对抗中，阿玛希斯统率的埃及军队赢得了内战的胜利。但是，原来是商人、后定居埃及的这些雇佣兵也自此融入埃及，成为埃及人中不可或缺的一部分。最终，阿玛希斯摆脱了困境，成为民族主义者和假定的外族人斗争中的胜利者。

尽管希腊移民已经融入埃及社会，但早在塞易斯时代之前，他们的社交生活和经济活动与土生土长的埃及民众截然不同。希腊人仅仅吸收了埃及习俗和宗教的一部分。这些希腊人主要从事商业活动，他们同爱琴海大城市的居民一起建立起了蓬勃发展的商业。但是，他们使用希腊文来进行日常交流和书写，还像希腊人一样穿衣打扮，且同希腊保持友好的贸易关系。他们始终无法理解埃及的宗教，只把几个地方神祇等同为他们仍然信奉的希腊神。分布在三角洲河岸附近的希腊移居地的大繁荣同河谷内埃及农民平静而单调的生活形成了鲜明的对比。语言、经济体系以及生活习俗的迥异滋生了埃及人民的民族主义和排外情绪。于是，阿玛希斯利用民众的不满，顺势而为，造了正统国王的反。

自从普萨美提克一世时期希腊移民城市瑙克拉提斯创立以来，靠近未来亚历山大港[58]（Alexandrie）的这座城市和海外的大城市一起，成为重要的商业贸易中心。以瑙克拉提斯城为中心，阿玛希斯尽可能地聚拢希腊人，并授予他们新的特权和特惠政策。依靠政府颁布的法令，且作为中央政府扶持的新工厂的所在地，瑙克拉提斯成为一座免税港。埃及瓷器生产业，或者烧结[59]业是瑙克拉提斯城最兴隆的产业。不容置疑的是，当这些经济领域（原材料、原材料加工以及成品的出售）变得繁复庞杂时，经济便繁荣起来。瑙克拉提斯城即是如此，在那里埃及的护身符或者假冒的埃及护身符随着腓尼基商船的航行而遍布整个地中海。于是，在如西顿和迪蒂姆（Didyme，即今天的加的斯城 Cadix）般遥远的海滨墓地，或者在像伊博西姆（Ibossim，即今天的伊维萨岛 Ibiza）这般的地方，曾出土大量产自瑙克拉提斯

[58] 埃及在地中海南岸的一个港口，也是埃及最重要的海港，亚历山大省的省会。——译者注

[59] 烧结是把粉末状物料转变为致密体，是一个传统的工艺过程。人类很早就利用这种工艺生产陶瓷、金属粉末、耐火材料、超高温材料等。——译者注

城的护身符。

阿玛希斯统治之初不得不应对尼布甲尼萨二世的来犯。巴比伦国王尽管是胜利的一方，却没有越过东三角洲的入口继续向埃及腹地推进的意图。整体来说，人们认为阿玛希斯的统治对埃及是有利的。在希罗多德看来，该国王深谙赢得人民好感的门道，但他的个性也受其轻浮性格的影响。除了塞浦路斯，邻近埃及的其他亚洲民族都被阿玛希斯的军队轻而易举地征服了。但是在推罗陷落后，为了不中断同腓尼基人的贸易活动，占领塞浦路斯便成了阿玛希斯不得不为的无奈之举。塞浦路斯就这样成为新的沿海港口，成为瑙克拉提斯城产品流通的必经之地。

法老阿玛希斯二世

这个时期最俊美的肖像就是法老阿玛希斯二世的肖像（现存伦敦大英博物馆）。阿玛希斯二世的仕途生涯始自军旅生活，而后他发动政变，晋升为法老。他在执政期间同希腊人频繁接触。

阿玛希斯通过与吕底亚[60]（Lydie）国王克洛伊索斯（Crésus）、萨摩斯岛[61]僭主波利克拉特斯（Polycrate）以及昔兰尼移居地的人民缔结同盟，强化了同希腊人民之间的友好关系和合作。昔兰尼公主远嫁埃及的联姻加固了埃及同昔兰尼之间的盟约。阿玛希斯认为，他能加冕双王冠，要归功于拥护埃及民族主义的人，而不是希腊人，从这时起，他要制定长期具有明确目标的协约，来优待那些在意识形态上不认可他的旧敌。实际上，随着波斯的强势崛起，来自东方的威胁越发迫在眉睫。

作为国王，原来的将军阿玛希斯被证明是最古老的文化和宗教的坚定捍卫者，他延续了塞易斯朝代先祖们的精神。对古代价值观的回归，实际上是对第二十五王朝努比亚诸王政治上的延续。对于埃及历史来说，遗憾的是，在波斯统治期间，努比亚法老修建的大部分纪念性建筑被破坏殆尽，法老们的名字也被抹除。从地面建筑来看，他们在塞易斯城的陵墓与上述情况如出一辙。事实上，由于王室墓地遗迹残缺严重，人们难以确定埋葬在此的国王身份。

阿玛希斯逝世后，普萨美提克三世继任王座。这位国王身陷囹圄，而前任国王也曾面临过这种境地。阿玛希斯缔结协约后不久，阿契美尼德王朝波斯国王居鲁士二世（Cyrus Ⅱ）征服了吕底亚。居鲁士二世击退巴比伦在东部的进攻后，夷平了上亚细亚（la Haute Asie）的国家，根据希罗多德的记载，他征服了“所有的国家，没有忘记任何一个”。居鲁士二世是米底领主治下安善（Anshan）王室的后裔。在对手阿斯提阿格斯（Astyage）战败后，国王居鲁士二世就统治了波斯和米底，开创了阿契美尼德王朝（la dynastie achéménide）。这是他雄心勃勃的征服计划的第一步，他迫不及待地要付诸实施。事实上，攻陷吕底亚后，居鲁士二世便夺取了巴比伦。仅耗时七年，这位国王就改变了整个小亚细亚（Asie Mineure）的局势。波斯帝国取代了新巴比伦帝国的历史地位。至此，居鲁士二世的征服计划只剩下攻占埃及了。

但是不知何故，居鲁士二世溘然而逝，入侵埃及的计划延缓。冈比西斯

[60] 小亚细亚中西部的一个古国（公元前1200年—公元前546年），濒临爱琴海，位于今土耳其的西北部。——译者注

[61] 在爱琴海东部，是爱琴海中距小亚细亚大陆最近的希腊岛屿。——译者注

（Cambyse）继任王座，开始大举进攻羸弱不堪的埃及。由于昔日盟友的自顾不暇，埃及陷入了孤立无援的境地。兵贵神速，波斯人沿着新王国时期图特摩斯三世行军时跋涉过的古老路线，以期尽快抵达埃及。冈比西斯的军队由原阿玛希斯麾下的一名将军率领；而阿玛希斯作为阿普里伊的将领，也曾背主弃义。天道轮回，即便阿玛希斯已经西去，但他还是遭到了他帅旗下的将军的背叛。

决战发生在贝鲁西亚（Péluse）。一部分由希腊雇佣兵组成的埃及军队难以抵抗波斯的猛烈攻势，一番顽强抵抗后，埃及军队只得南撤，退守孟菲斯。冈比西斯兵围孟菲斯，孟菲斯毫无犹疑地归降了。波斯国王接受了孟菲斯的归顺，未对普萨美提克三世和埃及民众进行报复。法老把冈比西

锡瓦绿洲（Oasis de Siwa）的阿蒙神庙

修建该神庙阿玛希斯二世的御令。阿玛希斯统治期间，在西部绿洲地区兴建的建筑物增多。法老认识到该地区是进入埃及的大门，于是他加固了此地的防御工事。他还命人在锡瓦建造了一座神庙，供奉埃及最家喻户晓的阿蒙神。

斯的宽容理解成了软弱，不久他便掀起暴乱，反对赦免他的人。冈比西斯的耐心因此耗尽，逼迫普萨美提克三世自戕。在历史上，拉美西斯三世执政末年的“后宫阴谋”[62]开了自杀判决的先例。对埃及人来说，“自主停止呼吸”没有公开处决那么臭名昭著，因为被判决之人可以选择他的死亡方式。普萨美提克三世——埃及最后的法老（尽管他具有利比亚血统）逝世后，埃及成为波斯的行省。

宗教思想

第二中间期时期，喜克索斯人的入侵，促进了埃及人对自相残杀的赛特神的崇拜。这种崇拜集中在阿瓦里斯城[63]（Avaris），后传播到东三角洲地区，并扎根在河谷中的城市，大漠商队从这些城市出发前往西部的绿洲和南部。赛特（Seth）作为干旱地区的神，因此成为那些进入沙漠腹地之人的保护者，同时沙漠也是通往金矿——出产令人垂涎的努比亚黄金——的必经之路，即这条路由赛特控制。

从第十九王朝开始，对赛特神的崇拜大肆传播开来。力量充沛的神明形象取代了欧西里斯谋杀者的可憎形象，赛特还向王子和国王传授战争的艺术。作为拉神的卫士，赛特的功绩备受颂扬，当他在夜间航行时，王船被狡诈的阿佩普（Apep），即希腊人所说的巨蛇阿波菲斯（Apophis）袭击。这种关于赛特的新看法可以得到来自三角洲地区的、强大的拉美西斯家族的证实。法老塞提一世（Séthi Ier）以赛特冠名就是明证。然而，对于第二十六王朝的法老们来说，这一切都属于过去，普萨美提克一世想要抹除掉崇拜赛特神的这一历史时期。赛特神再次成为受迫害的神祇，所有的庙宇都禁止敬奉赛特神。

塞易斯时代的精神信仰脱离底比斯，停落在孟菲斯。孟菲斯的普塔僧侣忠于王室的同时，仍然是最古老、最纯粹的宗教传统的拥趸。孟菲斯的殡葬纪念建筑有崇拜公牛阿匹斯的特点，塞拉比尤姆神殿自第十九王朝以来就是那些神圣的反刍动物的安眠之所。拉美西斯二世的儿子卡哈蒙瓦塞特王子在岩石内开凿墓道，取代了那

[62] 公元前 1153 年，法老拉美西斯三世在底比斯的宫殿内举办为期 20 天的盛宴，盛宴的目的是让统治埃及已达 30 年之久的法老焕发青春，然而这场盛宴却阴谋重重，战场上叱咤风云的法老更是命丧于此。——译者注

[63] 喜克索斯人统治埃及时的首都，后来第十九王朝法老拉美西斯二世在这里建造了新首都培尔－拉美西斯。——译者注

古埃及后期对阿匹斯神的崇拜

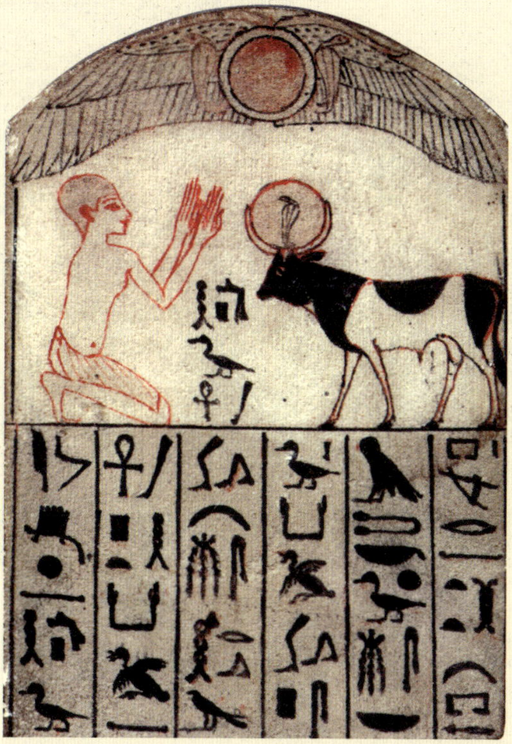

古埃及后期，人们对神兽的崇拜更加根深蒂固。神兽可能是某位神祇喜欢的动物，比如芭斯特女神的猫，或者是一些独一无二的动物，被看作是神在人间的化身。公牛阿匹斯就是这种情况。

尽管阿匹斯在这个时期深受欢迎，但是对它的崇拜可追溯至古埃及早期的朝代。太阳光线使母牛受孕，而后诞下阿匹斯。阿匹斯公牛有一定的外观特征，并像国王一样生活在宫殿里，宫殿装饰有显圣的窗户。它甚至还拥有自己的母牛后宫，死后还将得到和法老一样的殊荣。对埃及人来说，公牛阿匹斯是与其他神祇一样的神。因此，人们为其修建石碑并以此来纪念它。如侧图所示（现存巴黎罗浮宫博物馆），在石碑上，献祭者跪在公牛阿匹斯面前，举起双手以示膜拜，神牛头顶太阳圆盘和圣蛇乌赖乌斯。公牛还能宣读神谕，数以万计的信徒前往它的居所去问询它。它的动作被解读为对信徒问题的肯定回答或否定回答。

塞加拉的塞拉比尤姆神殿（Serapeum de Saqqara）

由于斯特拉波[64]（Strabon）把阿匹斯等同为希腊化时代的埃及神塞拉比斯（Sérapis），所以阿匹斯神牛的墓地被称作塞拉比尤姆神殿（即塞拉比斯神殿）。它是由多个墓道构成的地下建筑，墓道内排布有阿匹斯神牛的石棺。出人意料的是，人们在最古老的一条墓道内发现了卡哈蒙瓦塞特王子的木乃伊，他希望被埋葬在这个神祇的身旁。

些单独的地下墓穴，这些墓道以“窄小的地下通道”（petits souterrains）的名字而众所周知。普萨美提克一世决定扩建这座地下神牛墓，他用嵌入地下的巨大石棺取代了木棺。根据地下神牛墓的发现者奥古斯特·马里埃特的记录，创建这座“大型的地下通道”（grands souterrains）可能是为了埋葬普萨美提克一世时期的两头阿匹斯神牛，时间是其执政的第 21 年和第 52 年。

由于孟菲斯代表了对旧时传统的复兴，普萨美提克一世便将其作为王国新的行政都城。但是，法老保留了塞易斯的宫殿，塞易斯也依然是该朝法老长眠时的首选之地。

[64] 公元前 1 世纪古希腊历史学家、地理学家，著有《地理学》17 卷。——译者注

塞易斯时期的墓葬建筑

虽然我们不能说塞易斯时期的墓葬风格独特，但也要承认它们拥有一个共同的特征：规模宏大。位于底比斯埃尔–阿萨西夫的孟图姆哈特巨型陵墓并不是孤例。分布在其周围的帕巴萨（Pabasa）、舍尚克或者佩塔梅诺普（Petamenope）的陵墓像真正的永恒宫殿一样，气势逼人。这里同神庙一样，通往祭堂的斜坡前有两座高大的泥砖塔门。这些庞大的家族式陵墓有开放式的院子。穿过这些院子，人们进入专门举行葬礼的祭堂。在祭堂的尽头，从纵横交错的走廊中横行而过，通向墓室的竖井便出现了。这些竖井开凿在天然岩石上，纵深几十米，这还不算从井口到墓室表面入口处的距离。从其无比庞大的规模来说，能同塞易斯时期在底比斯建造的陵墓相提并论的，只有新王国时期的帝王谷陵寝。

今天，人们在俄克喜林库斯遗址（Oxyrhynchos）进行考古发掘，发现了另一种类型的家族式墓葬。这种陵墓在塞易斯朝代非常流行，它由石灰岩石块垒砌而成，并覆盖有同种材料筑成的四分之一圆周式的拱顶。主墓室情况各异，它埋葬的可能是一家之主，也可能是祭司或者高级官员，主墓室的周围是呈直角交互的墓道，通往埋葬个人的墓室。向下纵深四米是墓室的平均深度。人们借助巨大的楼梯或矩形的竖井进入墓室，为了方便人们下行，竖井的墙壁上还有支撑手脚的凹槽。

人们也使用另一种体系的墓葬。这种墓葬是高级官员的特权，它比先前的墓葬更加复杂、更加安全，即竖井墓。人们在整个孟菲斯地区都能发现这种特殊的墓葬，在埃及中部的沙鲁纳（Sharuna）使用这种墓葬的情形也时有发生。竖井墓就这样流传开来。该墓拥有一个 10 米 ×13 米的矩形截面，深约 30 米。第二口井在第一口井的附近，同第一口井平行但尺寸更小。两口井之间有用于施工工匠通行的通道，通道和墓室处于同一水平面，墓室尺寸小于主井底部尺寸。一旦竖井之间的通道被封闭，人们便往最大的竖井内填沙以放置石棺。接着，工匠们挖开通道，从口径小的竖井内往外掏沙，这样沉重的石棺就会自然而然地下沉。埃及沙子的异常干燥是出了名的，它会像流体一样流动。石棺棺槽被设置在大竖井的底部。四个方形木制支柱笔直插入沿着石棺凿出的开口以支撑棺盖。人们预先往开口内填充沙子，堵住其下部出口并将它们连接到地面上的孔洞，于是，一旦下部出口被疏通，沙子就可

官员伊乌发（Ioufaa）的竖井墓

除了规模庞大的埃尔-阿萨西夫宫殿式的陵墓外，竖井墓也算得上是塞易斯时期特点突出的墓葬建筑。伊乌发的竖井墓就是典范之作，它包含一个中央竖井和两个辅助竖井。

伊乌发是阿玛希斯二世治下的诵经祭司和王宫大内的总管，其墓葬同著名官员乌加霍列森尼（Oudjahorresné）的墓葬比邻而居。墓地由一堵泥砖围墙构成，围墙仿照宫殿正门装饰有非常古老的一种埃及艺术中的图案。墓葬结构的中央是一口口径为13米×11米的竖井，深约25米。主井以西和以南坐落着两个辅助井。人们使用辅助井修建墓葬，墓葬完工后又将其填埋掩盖掉。中央竖井的底部是用白色石灰岩石块砌成的筒形拱顶，它构成了墓室的顶部。巨大的由白色石灰岩石块构成的矩形石棺内填满了沙子。石棺内套有另一石棺，后者是由石灰岩和玄武岩两种材料共同打造而来的（参见图片）。安放伊乌发木乃伊的木棺就静静地躺在第二层石棺内，木棺的表面还覆盖有陶瓷网和生石膏面具。这是新近发现为数不多保存完好的墓葬之一。

以流到地面。墓室以石棺为中心由石块垒砌而成，形成一个包围石棺的沉箱[65]。但是，在墓室的顶部往往会留几个小尺寸的天顶开口，用以放置瓷罐。一条水密通道连接墓室与小竖井。接着，往大竖井填沙，竖井和墓室外壁之间的空隙会被这些沙子填充殆尽。剩下的工作就是从墓室内部打破天顶开口处的罐子，这样，墓室内也填上了沙子。工匠们从较小的竖井回到地面，然后用沙子和瓦砾填埋小井。供奉食物的祭堂是这套复杂墓葬体系的制高点，它的基座覆盖在竖井井口之上。然而，这种巧妙的建筑系统并不能防止墓葬被盗掘。今天，建在地表的那些供奉祭堂早已难觅影踪。

经过对这种风格的打磨演变，塞易斯人引入了另一种类型的石棺，而且直到托勒密时期还在使用。这就是石制重棺。根据墓主人的财力，棺盖上可能绘刻有人像文字，也可能光滑无物。绘刻内容多是一系列的逝者面容。图画使用粗线条，突出

[65] 沉箱是有盖无底、依靠自重或加重、随着土沙的挖掘能自沉的井筒结构。——译者注

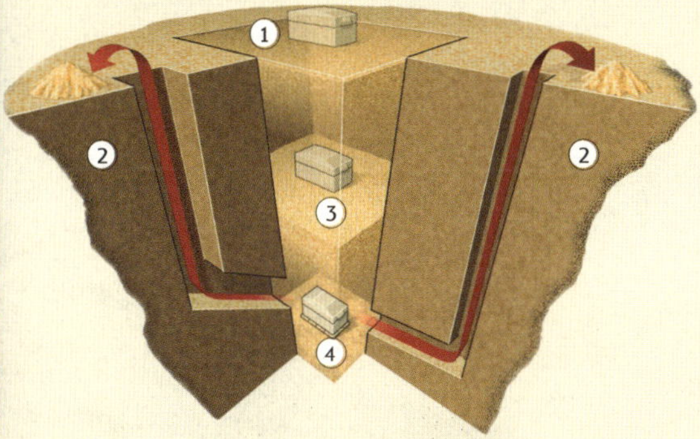

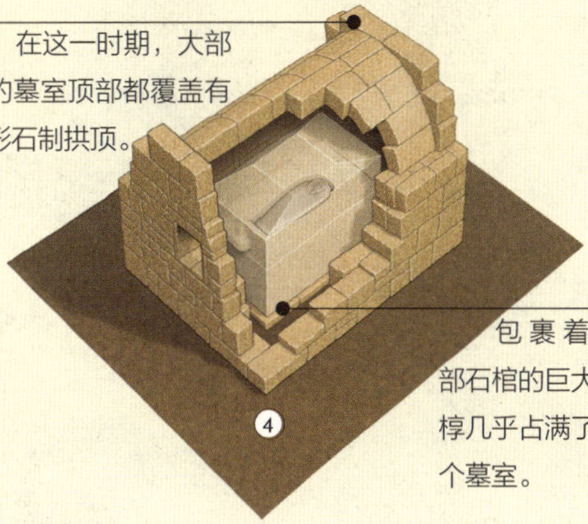

在这一时期，大部分的墓室顶部都覆盖有筒形石制拱顶。

包裹着全部石棺的巨大棺椁几乎占满了整个墓室。

❶ **大竖井** 人们在这里将重达数吨的石棺放在填满整个结构的细沙上。

❷ **辅助井** 它们和大竖井一起构成了连通器，细沙从大竖井内流出，大型石棺会沉降到与内部通道处于同一水平面的位置。

❸ **沉降** 当人们打开辅助井时，沙子向外流到地面，石棺沉降直至墓室。

❹ **墓室** 一旦石棺落定位置，工匠们就开始修筑墓室的墙壁和顶部，此时石棺大开以便从侧面放入木乃伊。

表现杏仁大眼睛和巨大的耳朵。这些特点和多到令人难以置信的人物面貌描绘使人们一眼就能认出塞易斯的石棺。这种石棺相当重，且大多数都使用滑槽嵌入式的棺盖技术，因此，侧面封棺被弃之不用了。

但是塞易斯的王家墓葬是什么样子呢？墓葬的外观到底如何呢？遗憾的是，复原墓地基本是不可能的，一方面三角洲地区地下水位较高，另一方面墓地偷盗始终不绝。这些墓葬本应该很宏伟的。

在麦地能·哈布庙阿蒙首席女祭司的陵墓祭堂下方就有墓室，且深度较浅。墓室墙壁上，精美浮雕的奢华瑰丽依稀可见，它描绘的是身处诸神之间的阿蒙首席女祭司们。同塔尼斯王室陵墓一样，葬入圣地并因此被万古守护着能极大地减少被盗掘的可能。

内克塔内布一世（Nectanebo Iᵉʳ）的亭子

在菲莱岛神庙中，亭子的柱头是仿照女神哈托尔的头部建造的，149 页的金面具亦是如此（现藏纽约皇家雅典娜画廊）。

波斯的统治

在波斯统治埃及之前，这个两地国家就曾多次被其他外族势力入侵。但是，先前的入侵者并没有挑衅埃及人民及其最不可触犯的宗教信仰。冈比西斯（阿契美尼德王朝开国之君的继承者）嘲笑埃及神祇，尤其是对孟菲斯僧侣的嘲讽永远铭刻在了埃及历史中。

如果一个民族某一历史时期的资料残缺不全的话，那这无疑会为多少都有点可信度的推定设想大开方便之门。阿契美尼德王朝国王，伟大的冈比西斯攻占埃及后的所作所为就是如此。关于这一时期最具体的记载是希罗多德的著述，他向我们呈现了一幅灰暗的画卷。在这位希腊历史学家笔下，冈比西斯是一个亵渎宗教且睚眦必报的人。实际上，冈比西斯苛待僧侣阶层，他不仅关闭庙宇，还让波斯入侵者奴役这些僧侣。最恶劣的是冈比西斯亲手杀死了一头阿匹斯神牛。在埃及人的眼中，这种亵渎圣物的行径不可原谅，这也反映了波斯国王侮辱一个他深深鄙视其

第二十七王朝的法老们

公元前 525 年—公元前 522 年

冈比西斯 波斯帝国阿契美尼德王朝的伟大君主，他在内应的帮助下，一举攻占了埃及。

公元前 522 年—公元前 486 年

大流士一世 该国王尊重埃及传统，并建造有几座埃及风格的建筑物。

公元前 486 年—公元前 465 年

薛西斯一世（Xerxès Ier） 该国王在位的 21 年期间，他不得不迎战希腊人和埃及人。

公元前 465 年—公元前 424 年

阿尔塔薛西斯一世（Artaxerxès Ier） 他平息了由伊纳罗斯（Inaros）和塞易斯城的阿米尔塔尼乌斯（Amyrtée，即普萨美提克五世）领导的埃及叛乱。

公元前 424 年—公元前 423 年

薛西斯二世 由于尚未被证实，我们不知道波斯王座阿尔塔薛西斯一世的这位继任者是否得到了埃及的承认。

公元前 423 年—公元前 405 年

大流士二世 他在位的第 10 年，埃及爆发了大范围的起义。

公元前 405 年—公元前 404 年（在波斯，直到公元前 359 年）

阿尔塔薛西斯二世 波斯最后的国王身处内忧外患之中，并最终被逐出了埃及。

风俗传统和宗教信仰的民族的意愿。据希罗多德所载，冈比西斯丧失了理智，在人生的尽头，国王已然是一个十足的疯子。他这样写道："祭司们一带来阿匹斯神牛，冈比西斯就像愤怒的疯子一样，拿出他的短刀，意欲往神牛肚子上刺一刀；但他仅仅刺中了神牛的大腿。接着，他用嘲讽的语气对祭司们说：'神棍们，神也是有血有肉的吧？他们也得受铁器的锥刺之苦吧？不用怀疑，这个神和你们这些埃及人还真是般配：可惜你们却不能嘲笑我而不受惩罚。'"

冈比西斯毁坏了在孟菲斯修建的数座专门供奉神牛阿匹斯的神庙并将它们付之一炬，而后还做出了杀死神牛的侮辱性行径。希腊历史学家斯特拉波说，他在波斯人烧毁的神庙内，尤其是在赫利奥波利斯城的神庙内，得以亲眼看到大火焚烧后的痕迹。然而，这个令人惧怕的波斯君主形象与我们在同时代的埃及高级官员乌加霍列森尼的雕像中看到的形象截然不同。

作为阿玛希斯麾下埃及舰队的指挥官，乌加霍列森尼的才能出众，同曾带领冈比西斯的军团攻伐埃及的叛将哈利卡那索斯城[66]（Halicarnasse）的法涅斯（Phanès）一样，乌加霍列森尼也站在了波斯君主的一边。靠将埃及舰队交由冈比西斯调遣，乌加霍列森尼赢得了官爵和财富。

[66] 哈利卡那索斯是位于卡里亚南部的古希腊城市，今土耳其境内。——译者注

在他自己的文字记载中，他对埃及将发生的大动乱直言不讳，但他没有指出罪魁祸首。相反，他吹嘘自己对冈比西斯产生了影响，使这位君主转变了对埃及的态度，但这不得不让人怀疑他叙述的客观性。

舰队指挥官先是请求冈比西斯确保他和家人的安全，然后又恳求波斯国王尊敬塞易斯的神祇，并尊重所有其他神祇的庙宇。一个颇有争议的说法是，冈比西斯驱逐了那些占领神庙的人，还向被亵渎的神灵献上祭品，以表示他对埃及人民的理解。为了表现他的顺从和才干，乌加霍列森尼还亲自筹备王衔事宜，并亲自为两地的新“法老”冠名。

塞易斯王朝末年，听命于塔哈尔卡的孟图姆哈特臣服于亚述巴尼拔，在这之后，埃及高官对异族征服者的无条件忠诚就成了埃及历史上司空见惯的事情。孟图姆哈特和乌加霍列森尼都提到了一场席卷整个埃及的动乱，但未曾表述原因。然而，这种曲意逢迎的态度却大有用处，符合新君主的利益，于是，新君主保留了熟悉埃及国情并愿意成为帝国忠诚仆人者的职务。

冈比西斯赢得了乌加霍列森尼的忠诚，但这并不妨碍他极其蔑视这位海军元帅。自第十八王朝时期图特摩斯三世征战以来，埃及人、亚述人和波斯人就一直使用相同的政治方式进行统治。从来没有入侵者企图依靠武力永久地占领被征服的土地。因为如若这样，入侵者必须在当地维持一支强大的军队，这在当时是任何一个国家都负担不起的。此外，新帝国和联盟的崛起使得亚洲地区战乱不绝，出于防御的必要，在国境内供养军队是必需的。征战的目的仅在于积聚战利品及尽可能地延长纳贡的时间。

这种战争动力解释了冈比西斯在征服埃及仅仅三年后就放弃了它的原因。但当他回到波斯时，死亡不期而至。此时，被冈比西斯留在埃及的首领，总督雅利安德斯（Aryandès）在孟菲斯建立了属于自己的政府。然而，利比亚人也趁着权力空缺的间隙，在靠近埃及西部边境的领地上揭竿而起。雅利安德斯派遣军队应对这一被入侵的风险。糟糕的是，在沙漠中行军，军心不稳，导致埃及在战事中失利。与此

埃及：波斯统治下阿契美尼德王朝的行省

大批波斯军士向东地中海沿岸进军，沿途未曾受到抵抗。同波斯尚有一战之力的唯有希腊。攻占腓尼基海岸和塞浦路斯后，波斯兼并了埃及。波斯帝国辽阔的疆域被划分成总督省，这些总督省由远在波斯波利斯城（Persépolis）的君主管辖（如图，我们看到的是在该城废墟下发现的浮雕，描绘的是国王阿尔塔薛西斯一世）。

同时，冈比西斯的儿子大流士在波斯问鼎王座。大流士甫一加冕就判处雅利安德斯死刑。他对总督在利比亚战败进行处罚，同时也借此向埃及上流社会发出严重警告。雅利安德斯在埃及境内圈地为王，忘记了波斯君主的存在，甚至还命人用他的肖像铸造钱币。应该指出的是，从这个时期起直到马其顿统治之前，只有波斯人使用钱币，且使用范围有限。在埃及河谷地区，器皿、食物、布匹之间的物物交换以及河谷东部传统的物物交换始终存在。

❶ **埃及** 公元前6世纪末，波斯国王冈比西斯兼并了埃及，埃及同塞浦路斯和腓尼基一起成为波斯的第六个总督省。

❷ **巴比伦** 占领巴比伦后，居鲁士二世建立了波斯帝国。

❸ **御道** 为了控制庞大的帝国，人们修筑了这条跨越关山万里的交通路线。

❹ **大城市** 波斯帝国创建了两座大城市：先是阿契美尼德王朝的都城帕萨加德，接着是御城波斯波利斯，后者始建于公元前521年。

大流士一世和新任总督

我们看到的大流士是一个睿智的国王，他吸取过去的教训，并采用怀柔政策治理埃及。一旦雅利安德斯被消灭，阿契美尼德国王在埃及可以信任的人就只剩下一个：塞易斯地区的长官乌加霍列森尼。乌加霍列森尼刚被任命为总督，就接到了恢复塞易斯国王阿玛希斯统治前一直通行的律法的命令。为此，他创建了塞易斯学园，将熟知埃及律法的年长者会集一堂。他恢复人们以前使用的法律工具，废除专横武断的做

钱币传入古埃及

与其他强权国家，如波斯，特别是希腊的接触，迫使埃及人改变了以物物交换为基础的支付体系。希腊雇佣军不接受实物支付，并要求埃及人轧制钱币。起初，埃及人仿制外国钱币，但最终他们还是创造了自己的钱币。

自第二十六王朝以来，协助法老的希腊雇佣军是埃及轧制钱币的首批获得者，这些钱币有希腊货币的外观和价值。在坐落于哈尔加绿洲中的安玛那维尔（Ayn Manawir）遗址中，人们发现了希腊主要钱币之一的斯塔特尔银币（statère d'argent），其对应的时间是波斯第一次统治时期（埃及第二十七王朝）。但是，在大流士二世执政期间，以使用雅典的四德拉马克银币（tétredrachume d'argent）为基础的全新货币体系传入了埃及。该货币直到托勒密时期还在流通，如左图，我们看到的即是托勒密时期的四德拉马克银币。内克塔内布二世统治时期出现了第一枚真正意义上的埃及钱币，在当时，法老为了能够向希腊雇佣兵支付酬劳而铸造了一些金币，人们在这些金币上用象形文字刻有“好金”一词，表明黄金质量良好。

法，此举让埃及人民大为满意。这项举措也大合法官和祭司们的心意，他们竭尽所能地投入这一法律项目的编纂中。大流士显示出一个和平缔造者的才能，这将烙印在他的整个执政生涯中。

加冕四年后，大流士才第一次踏足埃及。乌加霍列森尼死后，塞易斯学园由一位名不见经传的官员阿玛希斯领导。在他的著作中，阿玛希斯吹嘘自己恢复了对阿匹斯的崇拜，并且他还曾向大流士讲授埃及万神殿的神系家族。人们很容易理解，有些人认为向外族征服者解释埃及诸神的运作方式是一种功绩，因为在近东的所有宗教中，埃及

的宗教仍然是最复杂和最难同化的。无穷无尽的神祇名单、两个甚至多个神祇融合却又不失去他们各自的特点以及神祇化身为神兽，对外国人来说，这些都是思想上不可逾越的藩篱；但当他们了解到所有的埃及神祇只是唯一神祇——拉的多种表现形式时，这一藩篱就消除了。也许这个简单的解释使像大流士一样的国王摒弃了对埃及宗教的怀疑，从而接受或者部分接受了对其而言全新的信仰。不管是什么原因，我们知道国王在埃及西部的哈尔加绿洲（Oasis de Kharga）建造了一座宏伟的阿蒙-拉神庙。这座被称为希比斯神庙（Temple d'Hibis）的庙宇是在其他

希比斯神庙

国王大流士一世在哈尔加绿洲为荷鲁斯和赛特修建了神庙。事实上，鉴于有更加古老的遗迹的存在，神庙更可能是扩建而来的。从战略权重和沙漠商队对他的重要性来说，波斯王有加强这一地区统治的意图。这也是这一时期的人们敬奉沙漠保护神赛特的原因。

建筑的地基上建造的，这些建筑可能要追溯到第二十五王朝时期。

希比斯神庙有一个有趣的图像特征。在一处浅浮雕上，人们能看到荷鲁斯和塞特的斗争，但其形式与迄今为止人们所见的大相径庭。荷鲁斯被描绘成一名生有双翼的鹰头战士，对于人形荷鲁斯来说，这是从来未曾出现过的一个形象。在埃德福神庙的额枋和过梁上，荷鲁斯的翅膀屡见不鲜，但是，希比斯神庙中出现的荷鲁斯造型在各种各样的埃及图像中成为独一无二的新事物。塞特的形象更是前所未见。它采用了最恶毒的动物形式——拉的敌人巨蛇阿波菲斯。为了建造这座神庙，它的建造者科普托斯的波斯长官阿提亚瓦希（Atiyawahi）重新开辟了位于尼罗河东岸的哈马马特干谷的采石场。

刻写有其象形茧的大流士一世护身符

大流士御令臣民撰写王衔，以示其尊重埃及传统。如图，我们能看到他的象形茧（现存巴黎罗浮宫博物馆）。

大流士使连通红海和地中海的运河工程得以竣工。这项工程是由第二十六王朝的尼科二世发起的。它是一项巨大的工程，促进了波斯大都市和尼罗河河谷之间的交流。埃及本土物产质量高，特别是小麦和大麦，于是这些谷物成了新被征服的行省主要的纳贡贡品。正是为了确保这些物产能定期快速地供应，大流士才下令完成了运河的开凿。

在地中海和爱琴海地区，各海岸民族之间的紧张关系持续激化。希腊是一个强大的国家，准备反击波斯的威胁。它也是这样做的。公元前490年，波斯军队和希腊军队交战，著名的马拉松战役（bataille de Marathon）爆发。战争的原因是大流士想要夺取雅典，以惩罚雅典人支持爱奥尼亚（Ionie）起义、反对波斯的行为。虽然一部分波斯军队被消灭了，但波斯军团对雅典的威胁依然存在，于是，获胜的将军米提亚德（Miltiade）派遣跑得最快的士兵费里皮德斯（Phidippidès）到雅典预警并宣布马拉松战役的胜利。正如我们所知，在跑完马拉松到雅典的 42 公里路程，这位希腊士兵说出“我们赢了”这几个字后，就瘫倒在地，力竭而逝。马拉松战役失利后，大流士致力于重建他的军队，以便发起复仇之战。大流士将注意力从埃及转移开来，这一事实可能被三角洲地区的人民解读成了国王暂时的软弱，于是他们奋起反抗波斯人的统治。马拉松战役战败四年后，埃及人始终潜在的民族主义苏醒了。就在大流士准备粉碎这次叛乱，同时又要挫败希腊人的时候，这位在位 37 年的波斯帝王薨逝了。

波斯在埃及的颓势

三角洲叛乱两年后，大流士的继承者，即其子薛西斯一世向埃及进军。镇压叛乱之后，薛西斯一世兵回波斯，将埃及的控制权留给了他的兄弟阿契美尼斯（Achéménès）。虽然大流士是外族人，但他成功地维系住了埃及境内的平静。在总督阿契美尼斯治下，埃及人受到更大的压迫，结果是，三角洲地区诞生的向往自由的民族主义蔓延到整个尼罗河河谷，直至努比亚。

与此同时，薛西斯在对希腊人的作战中遭遇了接二连三的失败。军事上的衰落导致整个国家风雨飘摇，阿契美尼德帝国的多个省份爆发了起义。随着薛西斯一世被暗杀，动乱达到高潮。薛西斯的儿子阿尔塔薛西斯一世登基。在阿尔塔薛西斯一世统治的第四年，埃及揭竿而起，反对波

第二十八王朝的法老

公元前404年—公元前399年

阿米尔塔尼乌斯

塞易斯王子，他是第二十八王朝唯一的一位法老。多次尝试起义后，他才得以实现建国目标。他将自己的势力范围从三角洲地区扩展到了象岛。

阿尔塔薛西斯一世（第158页）

公元前 465 年，波斯君主阿尔塔薛西斯一世调遣大批军士镇压伊纳罗斯领导的埃及叛乱，后者被俘，受尽了折磨。图片描绘的是身处皇城波斯波利斯的阿尔塔薛西斯。

斯的统治。叛乱由西三角洲地区的领主伊纳罗斯领导，很快就得到了塞易斯诺姆长官阿米尔塔尼乌斯的支持。此外，西西里岛的迪奥多罗斯（Diodore de Sicile）告诉我们，此次埃及起义也得到了雅典的海上援助。

当时，雅典自以为强大，可以帮助埃及对抗波斯，这时波斯由于接连战败，实力已经削弱。按照计划，雅典派出的 300 艘三桨座战船（la trirème）将在孟菲斯上岸，但是，阿尔塔薛西斯一世的军队先于希腊舰队到达，并在帕普雷米斯城（Paprémis）袭击了埃及军队。正当波斯人希望趁势取胜之时，希腊船只的到来使胜利的天平开始朝另一端倾斜。希腊舰队首领查尔蒂米德斯（Caritimides）和大流士的孙子阿契美尼斯总督均殁于此役。埃及和希腊军队攻袭孟菲斯，波斯人加固阵地，被困波斯军士筑起的防御工事使该城成为坚不可摧的堡垒，抵御并击退了对手的连续进攻。

孟菲斯之战至少持续了 18 个月，在此期间，阿尔塔薛西斯一世集结起 20 万人的军团和 300 艘船只的舰队。波斯军队获胜后，希腊人到普洛索披提斯岛（Prosopitis）避难。为防止船只落入敌手，幸存的希腊人烧毁了自己的船只，但在波斯人的袭扰下，他们只得乘坐利比亚船只返回希腊。伊纳罗斯被俘，并流放到苏撒（Suse），被阿尔塔薛西斯一世下令就地处决。与波斯人结盟的腓尼基舰队在埃及三角洲地区击败了雅典船只，从而中止了希腊人再次占领孟菲斯的企图。

在伊纳罗斯死后的六年里，塞易斯的诺姆长官阿米尔塔尼乌斯掌管整个三角洲地区。公元前 449 年，希腊和波斯这对旧敌签署了和平协定。在随后的和平时期，伊纳罗斯和阿米尔塔尼乌斯的儿子们占据着与他们父亲过去一样的职务。坦努拉斯（Thannyras）统治着西三角洲，而帕乌西里斯（Pausiris）则得到了塞易斯诺姆长官的职位。除了少数的叛乱外，三角洲地区的局势很稳定，但尼罗河河谷地区是另一番景象。可以这样说，所有的政治活动集中在三角洲地区，牵制了军队的力量。在埃及南部，反叛风潮四起，并意欲改变局面。只是随着阿尔塔薛西斯一世殡天西去已故君主的儿子大流士二世强势登顶，自立为王，在苏撒为争夺王位而发生的内

希罗多德和柏拉图：波斯治下埃及历史的特殊见证者

古埃及后期，曾在埃及短暂居住的旅行者的记述是埃及原始史料的一部分。波斯统治时期生活在尼罗河畔的历史学家和哲学家的记述就特别有用，尤其是著名的希罗多德和柏拉图（Platon）的记述。

公元前449年，阿尔塔薛西斯一世当政时期，波斯人和希腊人签订了和平协约，希罗多德成了第一个出行埃及的人。希罗多德游历了整个埃及。根据这次旅行见闻，他撰写了《历史》第二卷和第三卷的部分内容。书中的大部分信息来自他对古迹的访问以及从神庙祭司那里收集的信息。他既记述了最吸引他注意的方面，如木乃伊的制作或埃及神祇，又花笔墨书写了当时的一些奇观，如哈瓦拉迷宫（le Labyrinthe de Hawara）。虽然这是一份第一手资料，但必须考虑的事实是，反对波斯统治的祭司们给他提供的一些信息不免有失偏颇。后来，在哈科尔（Achoris）统治时期，哲学家柏拉图曾在三角洲生活过，收集了部分有用的历史证据，其作品中反映了这一点。左图即是柏拉图半身像（罗马卡比托利欧博物馆，musées du Capitole, Rome）。

第二十九王朝的法老们

公元前399年—公元前393年

尼斐利提斯一世（内法阿鲁德 Néfaaroud） 定都门德斯。

公元前392年—公元前380年

哈科尔（Achoris同Heker） 毫无疑问这是一位篡权者，因为他不是王室的子嗣。

公元前380年

尼斐利提斯二世 他是哈科尔的儿子。一位将军推翻了他的统治，终结了第二十九王朝。

部斗争结束了。但上埃及有权势的群体一直在反对波斯人的统治。在大流士二世执政第十年左右，埃及民族起义爆发了，领导者是身为塞易斯前诺姆长官的孙子并使用祖父名字的阿米尔塔尼乌斯。起义的导火索是纵火烧毁象岛的犹太神庙并迫害犹太移民。

大流士二世去世的同时，阿米尔塔尼乌斯的统治也开始了。大流士二世的儿子阿尔塔薛西斯二世继任了王座。他是波斯统治下第二十七王朝的最后一位君主。埃及的解放战争源于一次遍及整个国家的起义，它持续了六年，与第二十八王朝统治时长一样。这是最短命的王朝，只有一任国王——阿米尔塔尼乌斯。西西里岛的迪奥多罗斯可能将这位鲜为人知的君主同一个名叫普萨美提克的人混淆了。

尼斐利提斯（Néphéritès）和新王朝

阿米尔塔尼乌斯领导的解放战争一结束，尼斐利提斯一世就开创了埃及第二十九王朝。我们对这个人几乎一无所知，只知道他出身门德斯（Mendès），可能是利比亚后裔，也可能同阿米尔塔尼乌斯有亲戚关系。然而，这些都未被证实。尼斐利提斯一世崛起于解放战争，其统治策略的主旨是消除波斯人统治的所有痕迹。这一政策并不涉及希腊人，后者的殖民地早已融入埃及社会。此外，埃及仍然需要与这些殖民地保持联系，因为它们代表了同地中海另一端的商业联系。

国王很快就推行了明确的结盟政策。在国王看来，这种政策对埃及有利，但是它并没有实现预期的成功。他向当时正与波斯人交战的斯巴达人（les Spartiates）送去了三桨座战船和大量小麦。然而对于尼斐利提斯一世来说，不幸的是，舰队尚未到达罗得岛（île de Rhodes），就被雅典船只拦截并摧毁了。

尼斐利提斯一世的民族主义促使他致力于恢复古老传统，同古老传统最密切的联系还要追溯到第二十六王朝。因此，他选择了普萨美提克一世所使用的荷鲁斯名字——Âaib（意为“伟大的心”）。此外，他像塞易斯王朝的法老一样，开展了大规模的建筑活动，尽管在塞本尼托斯的曼涅托的著述中他只在位六年。

孟菲斯塞拉潘神庙的一块石碑记载了在尼斐利提斯一世执政第二年一头阿匹斯公牛的死亡。我们还在泰尔·埃尔-法尤恩（Tell el-Faraoun）、泰尔·特麦（Tell Tmai）和泰尔·罗布（Tell Roba）发现了这位国王的名字。在卡纳克，他为三联神的圣船修筑了一座祭堂，其工程由哈科尔完成。人们认为他还在圣湖旁边建造了一间小室，用于祭拜神灵。我们知道他在阿克米姆（Akhmîm）的雕像被用于某个殡葬仪式。尼斐利提斯一世大约在公元前 393 年离世。他被埋葬在门德斯，这座城市见证了国王的出生，国王还定都于此。

保护内克塔内布一世的神鹰

人们经常会看到一些保护埃及君主的神祇仿制雕塑。在埃及艺术中，人们明显是借助雕塑物的尺寸来反映它们的地位。法老雕像的大小通常略小于神祇。在刚过去的几个朝代中，法老的权势极大地削弱了，反映在雕塑上就是其大小同神祇相比，进一步缩小了。从这张图片上，我们可以看到这种情况，在被刻画成鹰隼样子的荷鲁斯巨大身形的衬托下，内克塔内布一世成了小小的一只（私人藏品）。

第三十王朝的法老们

公元前380年—公元前362年

内克塔内布一世（Khéperkarê） 他必须击退希腊人和波斯人的入侵。

公元前362年—公元前360年

塔科斯（Téos, Imaâtenrê） 因苛捐杂税沉重，他是一个不受欢迎的君主。

公元前360年—公元前343年

内克塔内布二世（Senedjem-ib-Rêsetep-en-Inhour） 该法老统治期间，埃及落入了波斯人之手。

尼斐利提斯一世的继承问题给学者们带来严重困扰。用于推定王座继承人可供参考的资料寥寥无几，这使得人们对曼涅托的著作再次产生了怀疑。似乎是穆提斯（Mouthis）接替了尼斐利提斯一世，但他只当了数月的国王。这个假定的统治时间很短，似乎是因为有人篡夺了王位，他就是普撒穆提斯（Psammouthis）。新君主只在位一年，关于他的记忆就被继任的国王哈科尔抹去了。

哈科尔——尼斐利提斯的继承人

哈科尔避开了可能的前任，作为尼斐利提斯的继承人，追随尼斐利提斯一世的脚步治国施政。对外，他强化与希腊的联盟，对抗共同的敌人波斯。最有代表性的是他给塞浦路斯国王埃瓦戈拉斯（Évagoras）送去了小麦和 50 艘三桨座战船，后者曾联合皮西迪亚人（Pisidiens）和利比亚人共同对抗波斯人。他们都被波斯人打败了，联盟的征战草草收尾。埃瓦戈拉斯溃败而逃，到埃及避难，他原以为在那里可以得到无条件的支持。然而，哈科尔并不具备向波斯人开战的能力，因此拒绝帮助塞浦路斯国王。埃瓦戈拉斯回到塞浦路斯，同阿尔塔薛西斯二世进行了屈辱的和平谈判。埃及拒绝向盟友提供援助，从而避免了发生战争的重大风险，但由此也失去了希腊人的庇护。我们知道，在哈科尔统治期间，柏拉图就居住在埃及三角洲地区。他的历史著作具有直接见证的价值。据此，我们了解到，由于并不存在正式的希腊联盟，哈科尔只得雇佣希腊雇佣兵，继续对抗波斯人。严格来说，这更像是单纯的恐吓性战斗，而不是战争，且战争的目的明显是自保。阿尔塔薛西斯二世仍然是一个强敌，因此使其保持在远离埃及边境的地方才是良策。

因执政时间比较短，哈科尔的建筑活动大受限制。还有一个可能的原因是，三角洲地区考古难度大，他令人修建的建筑物仍未被发现。在卡纳克神庙第一座塔楼附近，他为神船修筑了祭堂，并顺利竣工。罗浮宫博物馆有两座保存完好的玄武岩雕像，上面写着尼斐利提斯一世和哈科尔的名字，后者出自前者一脉，借此宣称后者是前者的合法继承人。

两个狮身人面像的头上佩戴着涅姆斯王巾并饰有王室眼镜蛇。雕像上的铭文提到了普塔神，据此我们可推断出它们来自孟菲斯地区。这些狮身人面像在公元 1 世纪被带到罗马，1513 年，它们被装饰在卡比托利欧（Capitole）的楼梯上，而后在十八世纪中叶被放置在博尔盖塞（Borghèse）别墅的喷泉中。最后，在 1807 年，博尔盖塞王子将它们卖给了罗浮宫。雕像的长途旅程结束了。在麦地能·哈布的一座小庙里，人们并不确切知道是谁在此建造了所谓的“塞易斯庭院”（有人

内克塔内布一世在埃及神庙留下的烙印

法老内克塔内布是法老时代埃及最后的伟大建筑者之一。作为从三角洲地区到南部边境象岛诸多庙宇的建造者，他希望能通过纪念性建筑物的修建，留下他对神灵虔诚的痕迹，从而使他的记忆得以保存。

内克塔内布一世修建的大部分建筑虽然仿照了先辈们建造的神庙建筑，但还是增加了一个元素，这个元素之后在希腊罗马的神殿建造中得到了发扬。右图的装饰碎片，现保存在博洛尼亚博物馆，它是赫利奥波利斯城内供奉太阳神阿图姆的神庙廊柱柱间横梁的一部分。横梁矮墙掩映着神庙的一部分，它因此给人一种沉思的感觉，也给神庙提供了更大的装饰空间。柱间横梁上绘制有献给诸神和法老的铭文。除了这一创新之外，内克塔内布还在圣殿中引入了一个叫作“玛米西 ”（mammisi）的小建筑。神庙装饰中的肖像集合还完全处在法老传统和早王朝时期推出的石板画的框架内。

认为是国王普撒穆提斯一世所建，但很可能是由哈科尔完成并装饰）。小庙内出现了君主哈科尔的名字，表明该君主意图侵占法老图特摩斯三世的象形茧和铭文。在内赫卜（Nekheb）古城埃尔-卡布（El-Kab）和托德（Tôd），仍然可以看到哈科尔干预的痕迹。此外，杜拉（Tura）和马萨拉（Massara）采石场的铭文显示，决定重新开放采石场的正是这位国王。

我们对哈科尔统治结束的情境一无所知，只知道国王被一场叛乱推翻了，他销声匿迹后，尼斐利提斯二世开始了昙花一现的执政。对于这位法老，我们几乎完全不了解，他似乎只在位四个月就被野心勃勃的内克塔内布一世推翻

❶ **跪在神祇面前的法老** 战胜敌人凯旋之时，内克塔内布一世会向多位神祇献祭器物和珠宝，尤其是项链，感谢神灵赐予他的帮助。

❷ **诸保护神** 内克塔内布一世跪在兽首人身的诸位神祇面前，以表臣服。所有的神祇都一手持刀，事实上他们有充当保护者的特性。这些神祇中的大多数都拥有殡葬特征，保护逝者进入冥界。

❸ **法老的登基名** 从图中碎片上的浮雕上，我们能分辨出象形茧。象形茧中的一个对应的是登基名，或称为Nesout-bity之名，这里是Khéperkarê（克赫普卡拉）；在内克塔内布之前，其他的法老也使用过这个名字，其意为“拉神的生机卡重生了”。

❹ **拉神之子的王衔** 第二个象形茧中是法老的拉神名字。在这里，该名字为Nakhtnebef（即内克塔内布）。法老王名代表的意思是“强盛是他的主人”，这也是要求掌权的一种方式。

了。第二十九王朝就这样结束了。由于几乎没有任何与之相关的记载，该王朝的历史仍笼罩着厚重的谜团。

最后的本土诸王

小亚细亚和爱琴海人民之间的关系仍然很紧张，弥漫着不稳定的气氛。在国王哈科尔拒绝帮助塞浦路斯君主埃瓦戈拉斯之后，埃及和希腊之间的联盟破裂，进一步助长了这种气氛。在这种情况下，雅典要求曾援助埃及军队抵御波斯人进攻的希腊雇佣兵兵团归国。内克塔内布一世因此对建立在三角洲地区的希腊殖民地采取了报复行动。他对主要城市瑙克拉提斯实施严格的经济管制措施。根据内

塞易斯的祭司

这是一尊敬奉奈斯女神的塞易斯朝代的祭司雕像（现藏伦敦大不列颠博物馆）。该祭司集团曾助内克塔内布一世名正言顺地登上帝座。

克塔内布一世的命令，以出口税的形式向希腊殖民地征税，然后再将税款转给塞易斯奈斯女神的神职人员。这样一来，内克塔内布一世在获得塞易斯僧侣拥护的同时，也惩罚了那些前往雅典的雇佣兵。同这一假设相冲突的是，法老在推翻尼斐利提斯二世时似乎从赛斯的祭司那里得到了意料中的帮助。从那时起，这一动作就近似于第十八王朝图特摩斯三世曾经的所为，当新王国的缔造者使底比斯神职人员富足起来后，后者为他登基称王提供了便利条件。

攻打波斯的计划被雅典搁置，阿尔塔薛西斯二世发现了重新征服埃及的良机，于是组建了一支由叙利亚总督法尔纳巴佐斯（Pharnabaze）任总指挥的波斯军队。军队由 20 万军士和 2 万多希腊雇佣兵组成，其中相当一部分的希腊雇佣兵刚刚离开埃及。打开三角洲的大门后，这支强大的军队向孟菲斯逼近，准备攻占它，但幸运之神眷顾了内克塔内布一世。公元前 373 年的那个夏天，尼罗河突然泛滥，波斯舰队措手不及，不得不撤退到海上。内克塔内布一世把敌军混乱撤退看成是一个伟大的胜利。波斯撤军同样还受战术的影响。波斯的先头部队是伊菲克拉特（Iphicrate）率领的希腊雇佣军舰队。舰队是经由尼罗河门德西安支流（la branche mendésienne）到达的，伊菲克拉特发现其防御能力比不上内克塔内布一世加固过的贝鲁西亚支流（la branche pélusiaque），因此向总指挥官法尔纳巴佐斯提议，要毫不拖延地向孟菲斯发起进攻。但法尔纳巴佐斯并不信任他的下属，驳回了伊菲克拉特强取孟菲斯的计划。在波斯大队人马到来之前，法尔纳巴佐斯拒绝攻城，而正是在这一等待过程中，河水开始大肆泛滥。

在亚洲，得益于阿尔塔薛西斯二世的攻城略地，波斯帝国鼎盛依然。这种急剧扩张的结果是，有的总督省远在苏撒中央政权的千里之外。早在“行省大起义”爆发之前，波斯部分行省就已经开始实行半独立制度。第一个就是卡帕多西亚（Cappadoce），紧跟其后的是卡利亚（Carie），然后是弗里吉亚（Phrygie）、斯巴达、雅典和腓尼基。于是，内克塔内布一世利用当前的局势，重新与希腊的总督省斯巴达和雅典建立了友好关系，虽然这两个城市还称不上完全独立。

外部的动荡迫使内克塔内布一世十分警醒，加之年事已高，他便倾向于同儿子塔科斯共同执政。共同执政始自公元前 365 年，内克塔内布一世致力于政府内部问题的解决以及建筑计划的实施，而塔科斯则负责对外政策。

内克塔内布一世的土木工程

在过去的几个世纪，没有埃及法老修筑过能同内克塔内布一世的宏大工程相媲美的土木建筑。其统治期间，埃及国内相对平静，他希望在超越第二十六王朝的塞易斯建筑的同时，还能保有反映自己精神面貌的建筑典范，这些都促使法老发起了这个庞大的建筑计划。内克塔内布一世决心坚定，在他统治的十八年间，建筑活动从未中断。国王几乎在每一座重要城池都建造、扩建或修复过庙宇。在卡纳克，他着手建造阿蒙神庙的第一座塔楼，但这一工程却永无竣工之日。

如果他的先辈都能吹嘘（有时并不可信）自己修建了最高大的塔门，那么内克塔内布修建的高达 113 米的塔门，尽管尚未完工，却当之无愧的是埃及最高大的塔门。没有人能望其项背。因此，内克塔内布一世可以理直气壮地说："在我之前没有人建造过更高大的门。"

不过，也有人怀疑内克塔内布一世建造者的身份。实际上，许多埃及学家将该塔门的修建归于托勒密王朝，依据是塔门上没有任何装饰。同塔门连成一体的围墙外墙也是如此。今天，在南围墙的背面，我们仍然可以看到被用作脚手架的泥砖，其上可放置建筑砌块。毋庸置疑的是，内克塔内布一世在卡纳克北部修建了蒙图围墙。人们同样认为是他修复了卡纳克南部孔苏神庙入口处的塔楼。内克塔内布一世最杰出的建筑作品——阿蒙神庙东侧围墙入口处的大门也坐落在卡纳克。奥佩特神庙的大门、连接卢克索神庙和穆特围墙的斯芬克斯大道也都带有内克塔内布一世的署名。1905 年，乔治·莱格林（Georges Legrain）在第七座塔门和多柱式大厅的墙壁之间发掘出著名的"卡纳克储藏室"，他找到了几肘长的玄武岩碎片，这些碎片记录下了内克塔内布一世执政时河水泛滥时的水位。内克塔内布在位时期，他的建筑痕迹也许被归入另一个建筑物，并在后来的工程中被再次利用，这在卡纳克是司空见惯的情况。

荷鲁斯圣所

第三十王朝的国王大多会在神庙的圣殿内建造一座圣所，并将神祇的雕像置于其中，如图所示。这里展现的是象征荷鲁斯神的一只鹰隼。这只鸟将法老护在它的利爪之下。该圣所可能是内克塔内布一世或者是内克塔内布二世修建的（现藏开罗埃及博物馆）。

在菲莱岛，内克塔内布一世建造了一座以其名字命名的长方形亭子。这是由 18 根钟形柱子组成的柱廊，其中只有 14 根留存下来。在专门供奉伊西斯女神的神庙中，入口处的塔门两边都刻有内克塔内布的象形茧，这至少证明了这位国王是这些工程的推手。

1851 年，奥古斯特·马里埃特在塞加拉清理出了一堵由内克塔内布一世建造的文化围墙。埃及学家发现了一条斯芬克斯大道，它从该神庙直接通向塞拉比尤姆神殿——这是法国考古学家发现的最宏大和最重要的埃及古建筑。

再往前走，在三角洲和贝赫贝特·埃尔–哈加尔（Behbeit el-Hagar）附近，仍然留存有庄严雄伟的伊西斯神庙遗迹，即伊塞乌姆（Iséum，意为伊西斯神庙）。英国埃及学家威尔金森（Wilkinson）在描述布巴斯提斯城的废墟时，提到了标有内克塔内布一世名字的建筑砖石的存在，这清楚地证明了这里曾伫立过一座神庙，这些砖石也必然是国王对猫神巴斯特的祝献。

在麦地能·哈布城阿蒙神首席女祭司祭堂的对面，内克塔内布一世打开了在第十八王朝神庙周围建造的围墙侧门。在围墙内，国王建造了与菲莱岛祭堂非常相似的

丹德拉的玛米西庙

作为该类型的第一座建筑，该处圣地由内克塔内布一世建造完成，是新类型神庙建筑的源头，被称之为“玛米西庙”或分娩屋。部分神庙内建造有玛米西庙，尤其在上埃及，人们每年都能在此庆祝神之子伊希神的诞生。在上图中，我们看到的是哈托尔神庙内的玛米西庙，哈托尔是荷鲁斯的妻子，在托勒密王朝时期她也发生了演变。

佩托西里斯在图纳·埃尔–加贝尔的墓葬

古埃及后期有一处墓地坐落在图纳·埃尔–加贝尔（Tounah el-Gebel），靠近赫尔莫波利斯·麦格纳（Hermopolis Magna）。其中，佩托西里斯（Pétosiris）之墓是最引人注目的墓葬，它的外观像一座小庙，入口处建有塔门。佩托西里斯生活在第二次波斯王朝时期和希腊统治初期，是托特神大祭司，赫尔莫波利斯·麦格纳城的守护神。该墓葬群表现出的埃及艺术元素与艺术新动向有联系。人们把该时代的图像细节融入传统场景中，比如服饰和发型等，中间这幅图片就是如此。此外，陵墓建筑正面出现了柱间横梁（见第171页右下图），是这个时期的创新之举。柱间横梁是建在立柱上端、连接立柱的矮墙，可使装饰空间最大化。

佩托西里斯的棺木

如图，映入眼帘的是粗粗的三股发辫假发、圣体书铭文和保护逝者的诸神祇（现藏开罗埃及博物馆）。

❶ 托特神祭司　陵墓的浮雕描绘的是正面朝向父亲的佩托西里斯的兄弟杰德托特凡克特（Djedthotefânkh）。佩托西里斯家族的男子都拥有托特神祭司的称号。

❷ 死者父亲　由于佩托西里斯的墓葬是群墓，他的部分家族人员也归葬在此。图中坐着的人物是佩托西里斯的父亲西苏（Sisou）。

❸ 光头　这种“发型”是托特神大祭司的典型特征之一。佩托西里斯陵墓中的浮雕描画的男性形象就是最好的明证。

佩托西里斯的兄弟

在图纳•埃尔-加贝尔的墓葬中，除了佩托西里斯的棺木，还有他的兄弟杰德托特凡克特的棺木（如上图所示）。不同于佩托西里斯刻有圣体书铭文的棺木，在同样是木制的杰德托特凡克特棺木上，人们使用琉璃及其他的镶嵌材料来书写文字符号。这些颜色赋予了文字极其明艳的色调（现藏都灵埃及博物馆）。

4 **祭服** 关于此服饰是否源自希腊以及是否与波斯人的外衣相似，学者们争论不休。但无论如何，这些服饰都与传统的法老美学大相径庭。

一座祭堂和一个写有他名字的庭院。在拉美西斯三世神庙中的尼罗河测量仪[67]（le nilomètre）上，唯一的铭文象形茧是内克塔内布一世的，那么从理论上来说，这座建筑就是他建造的。在位于埃德福托勒密神庙内富丽堂皇的圣所上，人们发现了内克塔内布一世的王名圈，这意味着该神庙是先前的神庙，且很可能是由内克塔内布一世修筑的。

这位建筑家法老最重要的一个作品是他在丹德拉（Dendérah）修建的著名"玛米西庙"。玛米西庙——法国著名的埃及学家尚博良就是这样命名这些专门用作当地神祇诞生的庙宇。在丹德拉，该神祇是伊希神[68]（Ihy），哈尔波克拉特斯神[69]（Harpocrates）的一个化身（意思是"荷鲁斯的孩子"）。虽然荷鲁斯在传统上是伊西斯和欧西里斯的儿子，但后来人们把伊西斯同她的妹妹哈托尔混淆在了一起，这就解释了为什么在供奉后者的围墙上，荷鲁斯作为他的儿子出现。虽然大多数的玛米西庙在建筑和装饰上都是托勒密式的，但是第一座玛米西庙是由内克塔内布一世建立的。该建筑的多处特征都成了后来建造玛米西庙参照的典范。内克塔内布一世不仅通过在神庙内修筑这些建筑物来表达他的虔诚，而且他还免除了供奉荷鲁斯的埃德福神庙和供奉弓箭手奈斯女神的塞易斯神庙的税款。

独立埃及的落幕

内克塔内布一世的儿子也是他的共同执政者塔科斯一登基，就根据各总督省同苏撒对立的分裂主义立场推定波斯此时正国力疲弱，欲借此大展拳脚。他知道可以依靠父亲与斯巴达和雅典建立的友谊纽带，去攻打波斯人。然而国库无力承担额外的开支，为了雇用希腊兵，他决定提高税收。他的措施对僧侣阶层的影响最大：寺庙的库房被充公没收，内克塔内布一世给予塞易斯神职人员的特权也被废除。随之而来的是埃及社会动荡加剧，而后国王也自食恶果。

[67] 专门用来测量尼罗河河水涨推的建筑。——译者注
[68] 古埃及神话中的乐神，欢乐的化身。——译者注
[69] 古希腊神话人物之一，由古埃及神灵荷鲁斯发展而来，被古埃及人视为每天早晨升起的太阳。——译者注

沿着图特摩斯三世开辟的海岸旧道，埃及步兵与海上舰队齐头并进，直抵腓尼基。在统率大军出征前，塔科斯将埃及交付给他的兄弟特查赫皮穆（Tjahépimou）管理。正当塔科斯的军事行动进展极其顺利时，一个始料未及的事件在埃及本土发生了。特查赫皮穆利用他作为共同执政者的临时地位，召回正在叙利亚与埃及军队并肩作战的儿子内克塔内布。内克塔内布与斯巴达前国王阿格西劳斯（Agésilas）一起从军中潜逃，返回埃及，同行的还有斯巴达士兵和一部分埃及军队。一到埃及，内克塔内布就被父亲特查赫皮穆宣立为国王，在阿格西劳斯和迎接新国王军队的支持下，他成为内克塔内布二世。埃及人民因对塔科斯及其增税措施感到无比失望，故而热情拥戴新任命的国王。塔科斯就这样被抛弃了，自此这位国王再无选择，只得逃到波斯王的宫殿去避难，而波斯王原本是他计划要攻打的人。

由于同第二十九王朝同出一族且该朝定都门德斯，因此仍然忠于前朝的门德斯诺姆区不曾拥戴新王，甚至还煽动了一场叛乱。叛乱的目的在于推一位前朝王裔重登王位。但是，敢于立于危墙之下的内克塔内布二世平定了叛乱。为了整顿国家，他沿袭塞易斯时代的艺术风格，制订了庙宇神殿修筑计划。在埃及那些重要的宗教盛行中心地仍然留存有内克塔内布二世的建筑印记，尽管这些印记不像在他之前的国王内克塔内布一世留下的那样庞杂。

内克塔内布二世加冕的同时，阿尔塔薛西斯三世登上了波斯王座。公元前351年，波斯国王想夺回昔日帝国辖下的行省，遂对埃及发起了第一次进攻。依靠雅典的迪奥芬特（Diophante）和斯巴达的拉米奥斯（Lamios）遣派的希腊雇佣兵，内克塔内布二世击溃了奔袭而来的敌军。此次攻袭的失利引发了腓尼基起义，阿尔塔薛西斯三世将其镇压后又卷土重来，对埃及发起了更猛烈的进攻。他集结了30万大军和300艘三桨座战船的舰队，在兵力和战备上都远远超过了埃及军队。波斯人的船只和步兵穿过三角洲，抵达了孟菲斯。在孟菲斯，内克塔内布二世加筑阵地，蓄兵以待。但是面对敌人的攻势，束手无策的埃及国王只能黯然退位，逃往埃及南部。在将三角洲地区置于血与火之后，阿尔塔薛西斯三世任命菲伦达斯（Pherendares）为埃及总督，并带着丰厚的战利品返回了波斯。

内克塔内布二世的半身像

虽然“本土”法老时代结束了，但是人们保存了关于第三十王朝最后代理人的大量艺术作品，例如内克塔内布二世的半身像，其背面书写有优美的铭文（私人藏品）。

波斯第二次统治期间的法老们

公元前343年—公元前338年

阿尔塔薛西斯三世奥乔斯（Ochos） 该法老漠视埃及的风俗。

公元前338年—公元前336年

阿尔塞斯（Arsès） 他被父亲加冕为波斯国王，被视为篡位之人。

公元前336年—公元前332年

大流士三世科多曼（Codoman） 伊苏斯（Issos）战役失利，帝国失去埃及且风光不再。

埃及并不完全归属波斯帝国。事实上，正如埃德福的一份托勒密时期的文书所示，内克塔内布二世还继续统治着上埃及，此时是其执政的第18年，这也是留有他统治痕迹的最后日期。我们既不知道当时的局势，也不知道他确切的死亡日期，但很可能是在他执政第18年后，波斯人的统治范围扩大到了整个埃及。波斯人的第二次占领给埃及带来了灾难性的后果：洗劫神庙并将其付之一炬、偷盗、暗杀和亵渎坟墓在这个残酷时期都变成了司空见惯的事情，而我们对这一时期的了解只能是一鳞片甲。

同内克塔内布二世一起结束的还有埃及在本土法老治下再次得以独立的短暂时期。这些本土法老试图恢复埃及在帝国时代受人尊敬且威慑万国的地位，但徒劳无功。他们效仿过去的虔诚模式，但也只有艺术反映出了古代形式的美，而精髓部分，即过去的精神，已经永远消逝了。

波斯的第二次统治

第三十王朝早已消解在了记忆的迷雾中。能够重建其历史的著作和考古文献仅存在于一系列传抄下来的彪炳战绩记录中。此时的埃及疲弱不堪，已无力谋划几不可能发生的复兴大业了。自古王国末年以来，真正的复兴就再没有出现过，彼时法老统治不再，饥荒肆虐，生灵涂炭。

“看，罪行无处不在，昨日的人已不复存在 [……] 埃及就像陶轮一样在不停地打转”：这些诗句摘录自《伊普-乌尔哀歌》（*Lamentations d'Ipou-Our*），它被收录在《世俗体埃及语编年史》（*La Chronique Démotique*）一书中，诗句反映了一个黑暗时代。这张莎草纸可追溯至公元前 2 世纪，现存于巴黎国家图书馆，它以列表的形式讲述了第三十王朝动荡艰难的社会环境，以及波斯的第二次统治给埃及带来的灾难。这部编年史，尽管开头已无从寻觅，且是以短句的形式撰写的，却清晰地证实了波斯在那时犯下的暴行。

《世俗体埃及语编年史》并不是揭开这一历史时期面纱的唯一资料。托特神大祭司佩托西里斯宏伟庞大的家族墓葬就坐落在图纳·埃尔-加贝尔。墓中有某家族五代人的资料，该家族曾担任名为“五神伟者”（Grand des Cinq）[70] 和“教主”（Maître des sièges）的高级职务，这些职务与崇拜赫尔莫波利斯当地的神祇托特有关。在墓室的墙壁上，佩托西里斯用以下话语讲述了波斯统治带来的不幸：“一个外族国王统治了埃及。自从埃及境内战事发生以来，南方动荡不安，北方叛乱未止，一切都脱离了它原来的位置。人们茫然无措，无处可去，神庙不再由神职人员维护，祭司们远离圣地，不闻神庙事务。”

另外，奥古斯特·马里埃特关于孟菲斯塞拉比尤姆神庙的笔记总结了第三十王朝末年阿匹斯神牛地下墓穴的建造活动。从第二十九王朝到希腊时代的结束，这些

[70] 这里的“五”可能是五种神力，也可能是五位同托特有关系的神祇（欧西里斯、伊西斯、赛特、奈芙蒂斯和荷鲁斯）。——译者注

伊西斯和内克塔内布二世

塞加拉塞拉比尤姆神殿内的浮雕描绘了埃及最后一位本土法老内克塔内布二世，法老被伊西斯女神环抱（现存巴黎罗浮宫博物馆）。

大型地下通道中的墓室是专门为死去的神牛阿匹斯建造的，其内置有不朽的花岗岩石棺。然而，第三十王朝以来，埋葬阿匹斯的纪念碑都被放置在同一个墓室内，且未提及下葬日期，因此人们很难确定日期和计算死去的阿匹斯数量。在地下通道的入口旁边，唯一遗留下来的，是法老内克塔内布二世为纪念公牛阿匹斯而建造的神庙遗迹。

英国考古学家沃尔特·布莱恩·埃默里（Walter Bryan Emery）在塞加拉北区进行了发掘，使一批刻写有内克塔内布二世象形茧的石块重见天日，这些石块曾被用来建造希斯神庙，并在科普特时期被再次利用，用于建造一座小祭堂的地基。人们还在废墟中发现了钱币，由此可以确定内克塔内布二世神庙的毁灭以及基督教教堂的建造时间是公元 4 世纪末。整个地区发掘完成后，出土的石头也许会给我们提供更多鲜为人知的历史信息。无论如何，假定这个建筑是内克塔内布二世最后所建的建筑之一，奇怪的是，该建筑恰恰位于塞加拉，在“上下埃及的中枢”（Balance des Deux Terres，即孟菲斯）的附近，远离南方，埃及最后一位本土法老在这里销声匿迹了。

考姆翁布神庙（Temple de Kom Ombo）的浮雕

在托勒密时期，人们建造了埃及留存最完好的神庙。其中的一座就是供奉荷鲁斯和鳄鱼神索贝克的考姆翁布双神庙。第179页是印有托勒密五世的王后克利奥帕特拉肖像的钱币。

托勒密王朝

人们通常将亚历山大大帝征服埃及后发生的事件与埃及历史区分开来。尽管新的征服者既不理解埃及人对传统的依恋，也不理解他们的宗教信仰，但他们在模仿宗教仪式和神奇经文中所表现出来的对融合的渴望，使我们发现了此前并不知晓的埃及世界中的一些方面。

公元前 4 世纪中叶，地中海地区和小亚细亚的局势动荡不安。波斯帝国在意识形态上和经济上都缺乏统一性。一方面，它没有能力使文化根基差异很大、封建制度特征很强的各个总督省结成联邦；另一方面，沿海国家的经济多以充满活力的贸易往来为主，这与内陆人祖祖辈辈奉行的国家干预制度相去甚远。所有这些都大大削弱了波斯人对被征服领土的支配权。

宫廷内部层出不穷的阴谋，也削弱了一个刚刚建立起来的国家表面上的牢固性。

阿尔塔薛西斯三世的宦官巴戈阿斯（Bagoas），隐在幕后操纵着没有实权的君主。他囚禁阿尔塔薛西斯三世，并对新君阿尔塞斯采取了同样的做法，他还让大流士三世——阿契美尼德皇室一脉的最后一个代表——取代了新君。大流士三世从这个阴险的人物身上看到了自身面临的危险，断然下令将他处决。

与此同时，由城邦组成的希腊世界出现了，其源头是更加个人化的宫廷社会文化（“僭主政治”）的诞生，这种社会制度取代了世袭的贵族氏族（“贵族政治”）。这种辉煌灿烂的文化繁荣滋养出了新美学，这种美学后经过罗马世界的传播，一直延续到了今天。所有这些都借助以海上贸易为基础的经济所创造的财富才得以实现。但是，对于创建一个稳固而统一的国家来说，希腊城邦在政治上的融合程度还不够。

在马其顿，为实现共同目标而进行的集体协同努力得以实现，佩尔狄卡斯（Perdiccas，也译作帕迪卡）实行中央行政管理制度，君主制取代了僭主政治。马其顿腓力二世（Philippe Ⅱ）统治时期，君主制的基础得到巩固。一方面，负责国家行政管理的官员是由国王任命的。这些官员取代了那些在省一级选举中当选的人，希腊即是如此。另一方面，公共工程政策使城市中心与中央行政部门保持联系成为可能。统一的军队强化了国力，潘吉亚（Pangée）和迪索伦（Dysoron）矿区出产的金银为国家提供了财富，从而促进了扩张的开始。腓力二世吞并了色萨利（Thessalie）的海岸和伊庇鲁斯（Épire）的城市。他那八千人的强大军团摧毁了哈尔基季基的雅典殖民地，在战胜底比斯人和雅典人组成的联军之后，形成了希腊联盟。该联盟总部坐落在科林斯，在君主的授权下，它还聚集了除了难以驯服的斯巴达人之外的希腊人。在为备战亚洲而召开的科林斯联盟大会上，腓力二世被他的近卫军成员帕萨尼亚斯（Pausanias）暗杀。而后，腓力的儿子，马其顿的亚历山大三世（即亚历山大大帝）登上了新兴帝国的王座。

横空出世的亚历山大大帝

当年轻的亚历山大以“伟大”的名义进入历史时，他早因十八岁随父出征，在喀罗尼亚战役（la bataille de Chéronée）中的英勇而名声大振。彼时，这位还不到弱冠之年的战争领袖聪慧且雄心勃勃，将要接续前任国王的征战伟业。

腓力二世被刺身亡带来了动荡，一些刚被马其顿吞并的城市意欲从中获利。色萨利多次发生起义，与此同时，色雷斯（Thrace）和伊利里亚（Illyrie）的军队入侵了马其顿的北部。底比斯城领导的叛乱扩展到了希腊世界。在对底比斯作战的同时，亚历山大成功安抚了父亲旧时的盟友色萨利人，并扩充了军事力量。作为一支强大且训练有素的军队的统领者，他在到达底比斯之前就征服了彼俄提亚（Béotie）和卡德米亚（Cadmée）。马其顿人推进速度之快打乱了底比斯人的计划，底比斯人别无选择，只能投降。亚历山大不战而屈人之兵，赢了他在埃及的第一场胜利。而这才是这位年轻君主神话般光晕的初次显现。

占领底比斯对其他希腊城市产生了至关重要的作用。当亚历山大大帝的军队踏入雅典时，德摩斯梯尼（Démosthène，也译为狄摩西尼）选择率军迎击这位年轻的国王。然而，谋士德马德（Démade）主张和解，并与马其顿国王协商大赦。这是亚历山大第二次不费一兵一卒赢下战斗。

亚历山大试图通过一种共同的情感，即民族主义将希腊城市和马其顿帝国联合起来。在科林斯同盟（即此前的希腊联盟）内部，这些希腊城市针对共同的敌人波斯帝国重新集结了起来。自此，战争更像是一场解放运动，而非帝制主义的攻城略地。亚历山大认为，当波斯统治下的希腊诸城被解放时，与马其顿结盟的希腊人将会为了一个更符合他们自身利益的目标而战。亚历山大希望希腊人不要把马其顿看作一支需要服务的军队，而是能解放兄弟民族的盟友，这些兄弟民族也曾在波斯人可憎的枷锁下受苦。然而，情况并非如此简单。作为亚历山大意识形态上的主要对手，德摩斯梯尼可能散布了谣言，声称在马其顿北部边境进行慰抚的亚历山大身受重伤。谣言达到了预期的效果，底比斯人奋起反抗驻扎在底比斯的马其顿驻军。在大屠杀中幸存下来的马其顿人纷纷躲进城堡避难，而底比斯的起义者们还煽动亚历山大统治下的其他希腊城市，谋划全帝国范围内的起义。

亚历山大决定放弃此前非常有效的威慑战术。在不到十天的时间里，他的军队穿越了马其顿北部边境和底比斯之间的复杂地形，抵达了叛乱的城市。尽管亚历山

腓尼基城市推罗

亚历山大在征服埃及之前最后的赫赫功绩是经过七个月的漫长围城后摧毁了这座城池，其目的是阻止腓尼基舰队比希腊舰队更强大。

大军队的将士疲惫不堪，但是奔袭而致使他们轻而易举便取得了胜利。从此，仁慈不再与软弱混为一谈。除了神庙和诗人平达罗斯（Pindare）的房子外，整个城市都被毁坏殆尽，城市守卫者被屠杀，妇女和儿童被卖为奴隶。在底比斯，亚历山大证明了武力可以胜过外交手段。其他的希腊城市纷纷俯首帖耳，并再次重申了对马其顿国王的服从。

马其顿人下一阶段的进军目标是将帝国统治扩张到地中海港口。对海洋的控制使新一轮的扩张以及船只和士兵的补给成为可能。在向腓尼基进军的过程中，亚历山大在攻陷的城市内设驻军，驻军的指挥官取代了被废黜的总督。著名的伊苏斯战役就发生在叙利亚北部。大流士三世的军队惨败，波斯皇室被俘。在西顿和艾尔瓦德岛（Arouad），

马其顿王朝的法老们

公元前332年—公元前323年

亚历山大大帝　他把波斯人赶出了埃及，并征伐曾属于波斯帝国的领地。

公元前323年—公元前317年

腓力二世亚黑大由斯（Philippe Ⅱ Arrhidée）[71]　亚历山大同父异母的哥哥。该法老罹患癫痫，为将领们所操控。

公元前317年—公元前310年

亚历山大四世　亚历山大大帝的遗腹子，其母为罗克珊娜（Roxane），幼年登基。公元前310年到公元前305年，他只是名义上的君主。

亚历山大的军队没有遇到抵抗。作为回报，国王只拿走补给他的部队所需的东西。而腓尼基推罗不同，它抵抗了七个月。征服推罗之后，亚历山大放任他的士兵尽情掠夺。像底比斯一样，推罗城被毁，居民被卖为奴隶。之后，他使非利士人的加沙遭受了同样的命运，加沙一经沦陷，就被付之一炬。此时，亚历山大并没有进攻波斯帝国的心脏苏撒，而是先确保对海港的控制，并进军埃及。埃及独立派渴望从波斯压迫者手中解放出来，其使者塞马图特纳赫特（Sematoutefnakht）的求援或许也影响了马其顿人的决策。

亚历山大大帝和阿蒙神

加冕称帝前，亚历山大曾在锡瓦绿洲求问阿蒙神谕，并在那里自称为神之子。因此，在图中的钱币上，他的形象带有公羊角。

[71] 原文为 Philippe Ⅱ Arrhidée，根据史实此处应为“腓力三世亚黑大由斯”。——译者注

法老亚历山大大帝

公元前 332 年，亚历山大抵达埃及，受到了热烈而隆重的欢迎。征服加沙后，他作为解放英雄现身孟菲斯。亚历山大未被视为外族侵略者的事实清楚地表明转变后的埃及疲软不堪，忘记了辉煌的过去，唯一憧憬的是人民可以存活。亚历山大在孟菲斯——诸王登基的古都加冕。他知道去如何回应获得的殊荣，并重新规划了被征服的领土。新君主决定创建一座拥有海港的城市，将它作为未来与整个地中海地区进行商业交易的基地。在西三角洲法罗斯岛（Pharos）附近的拉霍蒂斯城（Rakhotis），他建立了亚历山大港。该城很快成为新兴的高雅文化的中心，其影响力以古希腊文化的名义辐射开来。

亚历山大急于融入埃及传统，因此出访了阿蒙神谕所的所在地——锡瓦绿洲。他在那里找到了一个预言性的答案，这个答案将我们带回了第十八王朝那遥远的岁月。让哈特谢普苏特和后来的阿孟霍特普三世获得王位合法性的神话现在又被提上了日程：与神婚配（la théogamie）[72]。神谕向亚历山大透露，众神之王阿蒙-宙斯化身为他的父亲腓力二世，并在他母亲奥林匹亚丝（Olympias）的母腹中播下了神的种子。这样，亚历山大诞生于这次结合，他是最古老传统合法的儿子。后来，在钱币上，阿蒙公羊的角装饰着他的头发，为这位伟大的马其顿征服者带来荣耀。

亚历山大在埃及只住了一年，因此他的征服对埃及历史的影响令人惊讶。事实上，在公元前 331 年，他的舰队离开三角洲，去征服波斯帝国最后的东部堡垒。但由于他对一些埃及古迹的修缮，关于他的记忆得以留存，如卢克索神庙圣殿中图特摩斯三世在卡纳克建立的阿赫-梅努（Akh-Ménou）纪念碑。这座纪念碑是亚历山大同父异母的哥哥腓力三世亚黑大由斯为了纪念这位埃及的征服者而差人建造的。腓力三世亚黑大由斯还用阿斯旺的粉花岗岩建造了宏伟的祭堂，专门用来供奉卡纳克三联神的圣船。

[72] 在古埃及神话中，与神婚配原则是神附身于法老的身体，并与王后结合，如此孕育出王位的继承人。——译者注

亚历山大大帝在埃及的名字

埃及的法老们拥有一个由五个名字组成的王衔。亚历山大大帝模仿埃及的统治者，找人编写了自己的王衔，并将其刻写在象形茧内。

亚历山大大帝的王衔由五个头衔中的三个组成，这在古埃及后期是很常见的。亚历山大完整的王衔似乎出现在了巴哈利亚绿洲的一份文献中，但其破损的程度使文献复原无望。在许多浮雕上出现的只有荷鲁斯名字、出生名和登基名。亚历山大的荷鲁斯名同他在驱逐波斯人中所扮演的角色以及埃及人对他的看法有关。在矩形王名圈塞雷赫（serekh）[73]中，人们能够看到“Horus mek Keme”的符号，意思是“埃及保护神荷鲁斯”。亚历山大大帝的登基名或Nesut-bity头衔是赛特普拉·梅里阿蒙（Setepenrê Mériamon），意思是“拉神的选民，阿蒙的爱子”。最后，人们没有更改亚历山大的出生名，而是按照其语音用象形文字表达。与拥有含义的法老名字不同，拉神之子的称号等同于“亚历山大”这个名号。如图所示，浮雕上亚历山大的象形茧中就刻写着这个名字［弗朗西斯科·安东诺维奇（Francisco Antonovich）收藏］。

[73] 塞雷赫是古埃及的方形王名圈，写有王名的矩形符号框。——译者注

在美索不达米亚，在向波斯进军的过程中，亚历山大在高加米拉战役（la bataille de Gaugamèle）中再次击败大流士三世。这次胜利拉开了攻占巴比伦和波斯帝国古老都城苏撒的序幕。根据大流士三世石碑上的铭文，亚历山大攻占并烧毁了波斯波利斯城，但没能抓住国王。大流士三世最终被总督拜苏（Bessos）刺杀身亡，这位总督犯下弑君罪后，篡夺了波斯王位，取名阿尔塔薛西斯五世。然而，他的统治并没有持续多久，因为他很快就沦为了亚历山大的阶下之囚。

亚历山大继续向东挺进，并抵达了印度。疲劳吞噬着他的将士们，他们不认同亚历山大的东方主义，敦促他回去巩固已经征服的土地。此时，这位马其顿君主迎娶了巴克特里亚（Bactriane）的一位公主，名叫罗克珊娜。这次结合让亚历山大有了一个遗腹子。因患疟疾，亚历山大于公元前 323 年在巴比伦去世。他甚至未满三十三岁。亚历山大大帝仅仅用十三年，就建立了世界上最大的帝国。

马其顿帝国的解体

亚历山大大帝依靠征服得到的帝国统一在他死后不久就被打破了。亚历山大将总督省委托给将军们，将军们畏手畏脚地推行独立主义政策，引起了内部权力斗争。被称之为继业者[74]的亚历山大的将军们召开会议，根据佩尔狄卡斯（Perdiccas）的提议，宣布罗克珊娜怀的孩子只要是个男孩，就将成为亚历山大的继承人。但马其顿军队对此表示反对，并决定任命亚历山大同父异母的哥哥腓力三世亚黑大由斯代替婴孩，尽管前者有癫痫症，却仍被推举称王。他们是为了选一个易于操控的国王，而不是为了选腓力二世的合法后裔。

等待罗克珊娜孩子出生的同时，另一个临时解决方案也得到了继业者会议的认可。帝国的东部地区将由佩尔狄卡斯和莱昂纳托斯（Léonnatos）同时统治。希腊和马其顿将被置于安提帕特（Antipater）和克拉特鲁斯（Cratère）两位的共治下，前者曾是亚历山大任命的旧总督，后者是腓力三世亚黑大由斯的监护人。然后就只剩下任命管理各省的总督，这项任务由佩尔狄卡斯亲自负责。卡帕多西亚行省被指定给了欧迈尼斯（Eumène），目的是将这个地区纳入帝国。弗里吉亚委任给

[74] 继业者（diadoque）在泛希腊历史中，专指亚历山大大帝死后互相竞争的继承人。——译者注

了安提柯一世（Antigone Ier），色雷斯给了利西马科斯（Lysimaque），埃及给了托勒密一世拉古斯（Lagos）的儿子。阿基德王朝，也被称为托勒密王朝，就起源于拉古斯这个名字。

最终，罗克珊娜的儿子出生，腓力三世亚黑大由斯和刚出生就被冠以亚历山大四世之名的国王共同执政。佩尔狄卡斯遇刺，继业者们争吵不休的军队任命安提帕特为唯的摄政者。公元前319年安提帕特死亡，亚历山大大帝一脉最后合法化摄政的机会随之丧失。安提帕特的儿子卡山德（Cassandre）被选为其父的继任者，但将军们任命了安提帕特麾下的波利伯孔（Polyperchon）将军。政治精英和军事阶层之间的分歧再次显现出来。在托勒密和安

卢克索神庙浮雕上的亚历山大

尽管亚历山大在埃及停留的时间不长，他也建造完成了一些建筑，特别是在卢克索阿蒙神庙的内部。在圣殿的部分浮雕上，人们按照埃及肖像学的特征来塑造亚历山大，图中的他正向众神献奉祭品。实际上，由于阿蒙-宙斯的神谕宣布他是神的儿子，因此这个场景代表的是对父亲的食物献祭。

提柯的帮助下，卡山德将波利伯孔驱逐出境。在这场权力之争中，腓力三世亚黑大由斯和亚历山大大帝的母亲奥林匹亚丝都被暗杀。卡山德成为儿童国王亚历山大四世的监护人。而后四年，帝国内部冲突不绝，罗克珊娜和她的儿子亚历山大四世被卡山德暗杀。暴力的螺旋式上升并没有因为这一切而停止。在击退安提柯和德米特里（Démétrios）的进攻后，只有卡山德有能力让托勒密以拉古斯之子托勒密一世的名头统治埃及。

相煎何太急的托勒密王朝

在成为埃及法老之前，托勒密一世迎娶了马其顿摄政安提帕特罗斯（Antipatros）的女儿欧律狄刻（Eurydice），后者为他生了两个孩子：王子克劳诺斯（Kéraunos）和公主吕珊德拉（Lysandra）。他后又迎娶了贝勒尼基一世（Bérénice Ier），又有两个孩子出生：托勒密二世和阿尔西诺伊二世（Arsinoé）。自此，种种阴谋暗生，危机四伏的家族暗杀将成为这个王朝的特征。

托勒密一世殚精竭虑地推动埃及向前发展。例如，他通过创建新的希腊和马其顿殖民地来提高农业生产力。此外，国家的书吏还建立了居民普查制，以优化农业生产和分配。此外，埃及自古以来就由河谷和三角洲组成，但在托勒密时期，亚历山大城被整合到这个国家中，即便该城具有法人资格。这座城市的人们使用希腊语交谈书写。为了消弭文化差异，托勒密一世在这里创建了一座图书馆和一座博物馆，收集埃及的传世作品，以及希腊文学著作和艺术作品。宗教方面，托勒密一世引入了塞拉比斯神崇拜，塞拉比斯神是欧西里斯神和阿匹斯神的合体，对该神的崇拜仅限于亚历山大港。他还修复了被波斯人破坏的神庙，并将其名字"埃及化"，找人刻写在王室象形茧内，如今在尼罗河两岸的许多纪念建筑物上仍可辨认。

托勒密一世的第二任妻子贝勒尼基一世为使她的儿子托勒密二世被指定为王室继承人而筹划的阴谋活动产生了预期的效果。托勒密一世死前两年，他已经任命托勒密二世·费拉德尔菲斯共同执政。托勒密一世和贝勒尼基一世的女儿阿尔西诺伊二世让她的丈夫利西马科斯杀害了他第一次婚姻中生的长子阿加托克利斯

托勒密王朝：一个极其特殊的王朝

托勒密王朝别具一格的特点是皇家子嗣之间危险的纽带关系。玩弄权术、战争连年，以及部分统治者对政治缺乏兴趣，都导致了该王朝的衰落。包办婚姻和自相残杀主导了王朝的最后时期。

第一位统治者托勒密一世（Ptolémée Ier）（参见左图，保存在大英博物馆中的半身像）想要大量地吸收希腊传统。然而，他的后裔还是采用了埃及同一个家庭成员之间互相通婚的习俗。尽管他们起初对这个习俗感到惊愕，但还是沿袭了这一做法，主要是为了避免产生潜在的王位候选人争权夺位的问题。托勒密二世迎娶了他的妹妹阿尔西诺二世（Arsinoé Ⅱ），成了第一个向传统屈服的人。为此，这对夫妇得到了费拉德尔菲斯（Philadelpes）的名字，意思是“相亲相爱的兄弟神”。托勒密二世还制定了对王朝的崇拜。从他即位开始，法老和王后就这样被神化了。施惠者（Évergète）[75]托勒密八世的情况也很特殊。这位君主是托勒密六世和克利奥帕特拉二世的兄弟，他谋杀了托勒密六世的儿子登基为帝，并与他的妹妹克利奥帕特拉二世结婚以获得正统。随后不久，他又与克利奥帕特拉二世的女儿克利奥帕特拉三世结婚了。

（Agathoclès），以避免出现旁系王朝。利西马科斯在战场上为他的罪行付出了代价，他被叙利亚北部国王塞琉古一世（Séleucos Ⅰer）生擒。不久之后，塞琉古一世在试图获取利西马科斯王座时，被托勒密一世与第一任妻子欧律狄刻生的儿子克劳诺斯暗杀身亡。托勒密·克劳诺斯与他同父异母的妹妹阿尔西诺伊二世结婚，宣布自己为色雷斯和马其顿的国王。他的统治很短暂（不到一年），他在与加拉太人（les Galates）的战争中身亡。加拉太是在古老的托勒密王国里散布恐怖的一个凯尔特人部落。贡那特的安提柯二世打败并驱逐了加拉太人，自立为马其顿国王。

伴随着最后的继业者们的消失，新的秩序出现了：托勒密二世·费拉德尔菲斯执政埃及，救星安条克一世在亚细亚称帝，贡那特的安提柯问鼎马其顿王座。亚历山大大帝创建的帝国分裂为三个王朝：阿吉德、塞琉古和安提柯。然而，这

[75] 托勒密王朝国王的名号，Évergète 音译为“艾维盖特”，意思是行善之人。——译者注

托勒密杯

托勒密王朝时期，亚历山大港取得了辉煌的艺术成就，这里生产的珠宝和玉石浮雕质量上乘。杰作就包括著名的托勒密杯，它是用白色和栗色玉髓制成的器皿，加工难度很大。它是一个用来喝葡萄酒的杯状容器。杯上装饰同祭献希腊酒神狄俄尼索斯（Dyonisos）的仪式有关，该神被比作埃及的欧西里斯神（现存巴黎国家图书馆）。

种表面上的力量平衡并没有避免彼此的征伐。只是方法发生了变化，这在家庭关系的实践中可见一斑。托勒密二世·费拉德尔菲斯休弃了第一任妻子阿尔西诺伊一世后，迎娶了利西马科斯和托勒密·克劳诺斯的遗孀阿尔西诺伊二世。希腊社会不同于埃及社会，容不下乱伦，即使仅在王室内部。怀有成为埃及王后野心的阿尔西诺伊二世在第三次婚姻中嫁给了兄长托勒密二世，这一事件成了一桩丑闻。为了证明这种乱伦的结合是合理的，国王和王后宣称自己是“相亲相爱的兄弟神”，保证了“埃及国王”血统的纯正。阿尔西诺伊二世的美貌和智慧无疑使她的丈夫受益匪浅，这是人们根据卡利马科斯

（Callimaque）和泰奥克里特（Théocrite）在各自的编年史中对这位王后的夸赞得出的判断。

托勒密二世执政时期，亚历山大城是埃及的首都，它也一举成了来自希腊大陆各地的诗人、哲学家和艺术家们心之向往的地方。在托勒密二世统治时期，巨型灯塔的修建终于竣工，由他父亲开创的这一工程结束了，灯塔为夜间抵达亚历山大港的船只提供了指引。

文学方面，国王对古代文献的传播和翻译兴趣浓厚，并且不考虑其社会或宗教源头。因此，他命令埃及祭司塞本尼托斯城的曼涅托用希腊文撰写《埃及史》，并将《旧约》（*Ancien Testament*）从希伯来文翻译成希腊文，同时也没有忘记人们归其名于托特神的希腊文本《赫尔墨斯文集》（*Corpus Hermeticum*，也称《秘文集》）。亚历山大城从未像托勒密二世统治时期那样耀眼，这一时期无疑是托勒密王朝的顶峰。

在对外政策上，托勒密二世・费拉德尔菲斯发动了第一次叙利亚战争，目的是吞并由救星安条克一世和贡那特的安提柯二世各自辖下的叙利亚和马其顿王国，但他最后只是将叙利亚南部的部分地区并入埃及，并将腓尼基的权力扩大到西顿城。他向安提柯王朝发动了战争，但也是草草收尾。其实，在科斯岛战役（la Bataille de Cos）中，托勒密失去了他在第一次战役中征服的部分领土——爱琴海港口。

[76] Philopator 意为笃爱父亲者，Ptolémée Ⅳ Philopator 亦可译为笃爱父亲者托勒密四世。——译者注

托勒密王朝的法老们

公元前305年—公元前285年
救星托勒密一世

公元前285年—公元前246年
爱恋妹妹的托勒密二世（或音译为“托勒密二世·费拉德尔菲斯”）

公元前246年—公元前221年
托勒密三世施惠者一世

公元前221年—公元前205年
托勒密四世·菲洛帕托（Ptolémée Ⅳ Philopator）[76]。

公元前205年—公元前180年
托勒密五世·伊皮法尼斯（Ptolémée V Épiphane，意为“神显者”）

公元前180年—公元前145年
笃爱母亲者托勒密六世（Ptolémée Ⅵ Philométor）

公元前145年
托勒密七世·尼奥斯·尤帕托（Ptolémée Ⅶ Néos Eupator，即笃爱父亲的人）

公元前170年—公元前116年
托勒密八世施惠者二世

公元前116年—公元前107年
托勒密九世救星二世

公元前107年—公元前88年
托勒密十世亚历山大一世

公元前88年—公元前80年
托勒密九世救主二世（复位）

公元前80年
托勒密十一世亚历山大二世

公元前80年—公元前51年
托勒密十二世·尼奥斯·迪奥尼斯奥斯（Ptolémée Ⅻ Néos Dyonisios，即托勒密·奥莱特 Ptolémée Aulète，“Aulète”意为“魔笛手”）

公元前51年—公元前30年
克利奥帕特拉七世·菲洛帕托（即“笃爱兄弟者”）

公元前51年—公元前47年
托勒密十三世·迪奥尼斯奥斯二世

公元前47年—公元前44年
托勒密十四世·菲洛帕托（即“笃爱姐妹者”）

公元前44年—公元前30年
托勒密十五世·恺撒里昂（Ptolémée XV Césarion）

埃及：地中海的强权大国

亚历山大去世后，他麾下的将领们瓜分了帝国。将领们的后代建立了三个伟大的王朝，多年来相互争斗，试图重建帝国，但都徒劳无功。

埃及统治着广阔的领土，其疆域从昔兰尼加（Cyrénaïque，在今天的利比亚）经由塞浦路斯岛延伸到叙利亚，但其影响范围并不总是固定不变的。事实上，为了保护埃及，托勒密王朝的法老们不得不对抗亚历山大死后瓜分帝国的前将军们的后代。图片上是托勒密二世的半身像。该法老由于想保留叙利亚的领土，同亚细亚国王救星安条克一世（Antiochos Ier Sôter，可音译为安条克一世·索塔尔）和马其顿国王贡那特的安提柯二世（Antigone II Gonatas）冲突不断。这些对抗被称为叙利亚战争，在整个托勒密王朝时期持续不断。托勒密三世执政时期，得益于他与贝勒尼基二世的联姻，埃及主宰了昔兰尼加地区，这是埃及进出海上的重要关口。在克利奥帕特拉七世的父亲托勒密十二世的统治时期，埃及国库空虚。由于罗马是当时最强大的政权，法老决定将塞浦路斯出让给罗马人，以换取贷款。这一行为可能是地中海统治大国埃及衰落起点的标志。

托勒密二世·费拉德尔菲斯 他是托勒密一世的儿子和继任者，在前两次的叙利亚战争中，法老对抗塞琉古王国和安提柯王国的君主。

托勒密二世薨逝后，其子施惠者托勒密三世继承了王位。托勒密三世已与昔兰尼国王马格斯（Magas）的女儿贝勒尼基二世成婚。贝勒尼基二世谋杀了她的求婚者德米特里·卡洛斯（Démétrios Kallos），而后，她逃离昔兰尼，避难埃及。托勒密三世与贝勒尼基二世的结合以及二人孩子的出生，即未来的托勒密四世，使埃及得以吞并昔兰尼王国。

国王安条克二世逝世后，他的两个妻子——劳迪丝（Laodicé）和托勒密三世的妹妹贝勒尼基，争夺塞琉古王座的继承权。法老统治的最初几年因这一争夺而混乱起来。最后，劳迪丝的儿子塞琉古二世被宣布为国王。托勒密三世震怒，法老认为这有悖于他妹妹的

❶ **马其顿帝国** 亚历山大大帝薨逝后，安提柯一世掌控了马其顿。自那时起，安提柯王朝就控制了马其顿和希腊大陆。

❷ **塞琉古帝国** 亚历山大麾下的另一位将军塞琉古一世建立了该帝国，其地域囊括小亚细亚、美索不达米亚、叙利亚和波斯。

❸ **海上贸易之路的版图** 埃及不得不部分侵占主要的海上港口，以便控制贸易，特别是腓尼基的古城池推罗。

❹ **陆路的最大面积** 托勒密王朝时期，埃及再次拓展了疆域，它拥有和新王国时期那样辽阔的疆域，尽管这只是一时的辉煌。

❺ **争夺叙利亚的冲突** 在整个托勒密王朝时期，为了控制占据海上贸易战略位置的叙利亚，埃及一直同塞琉古王朝进行着对抗。

利益。因此，第三次叙利亚战争（又称劳迪丝战争）爆发了，托勒密三世抵达幼发拉底河并取得了胜利。在这次战役中，法老占领了小亚细亚，征服了安条克城，并拥立其妹妹贝勒尼基的儿子为国王。但这些胜利似乎非常局限，因为他外甥和妹妹贝勒尼基都被杀害了。这两起暗杀事件引发了对抗塞琉古二世和马其顿王国的新战争，但该战争并未波及已经在托勒密三世掌控之下的领地。希腊城邦和马其顿王国之间新一轮的对抗爆发了，托勒密三世隔岸观火，他深知除了守卫好已征服的旧有领土之外，无其他利益可取。托勒密三世在位 25 年，他去世后将王位留给了他的儿子托勒密四世·菲洛帕托。

女巫师伊西斯女神

在整个地中海，伊西斯是最受喜爱的埃及女神祇。对伊西斯的崇拜从希腊扩展到亚细亚西部。人们特别称呼她为“伟大的女巫”（现存巴黎小皇宫美术馆）。

罗马人登场

马其顿人亚历山大大帝倡导把埃及人和希腊人融合在一起，但阿基德王朝的子孙后裔却从未实践这一想法。数不尽的差异横亘在两个文化之间，首先是宗教和国家经济观念。埃及的经济以农业为基础，依靠季节更替，除了尼罗河河水的定期泛滥外，没有其他问题。这是一种完全可控的经济状态，通过观察河水在尼罗河测量仪上达到的最高水位即可推断出来。与之相反，希腊的贸易经济充满活力，收益起伏不定，并引发竞争精神，国家在经济不景气时会通过调高税赋来缓解问题。但是，与社会阶层差异相关的贡赋过度增加，造成了本土人同希腊人之间的严重疏离，并由此导致了竞争冲突。

托勒密四世在这种社会背景下登上了王位。然而，他并不具备应对这种局势的气魄。作为埃拉斯托特尼（Érastothène）[77]的信徒，他精通艺术和文学，他既没有什么意愿去处理国家事务，也没有什么兴趣去保证国家的安全。他的漫不经心很快便给自己带来了损失。他被拖入第四次叙利亚战争中。这场战争是由塞琉古国王安条克三世在占领了几个腓尼基港口后发起的，安条克三世吞并叙利亚南部的意图极其坚决。尽管如此，托勒密四世的埃及军队还是在拉斐亚（Raphia）战役中击败了安条克三世，这是他16年统治生涯中最值得大书特书的事件。

托勒密四世死后，他与妹妹阿尔西诺伊三世完婚所生的儿子继任了王座，即托勒密五世伊皮法尼斯。新国王即位时还是个垂髫稚子。托勒密四世死后埃及动荡，安条克三世借此入侵叙利亚南部。与此同时，后者的盟友腓力五世已将埃及控

[77] Érastothène，此处人名拼写应为 Ératosthène，又译为“厄拉多塞”“埃拉托色尼”。希腊数学家、地理学家、天文学家、历史学家和诗人，其贡献主要是设计出经纬度系统，计算出地球的直径。——译者注

埃及艺术的希腊化

托勒密王朝时期，艺术创作有两种倾向：一种是最纯粹的希腊风格；另一种是迎合当时审美的法老风格。托勒密王朝时期艺术的革新之处在于人体描画得更加圆润。神庙浮雕上的图画凸显人物腹部，并从侧面呈现上半身。人物的服饰样式以及面部的描绘也呈现出越来越多的希腊元素。更加自然主义的人物塑造逐渐取代了理想化的风格。

贡扎加的浮雕宝石（Le camée Gonzague）

宝石雕刻中最引人注目的莫过于贡扎加的浮雕宝石（现存圣彼得堡的艾尔米塔什博物馆），它的名字源自其曾经的主人之一[78]。其上雕刻的人物是托勒密王室的一对夫妇，可能是托勒密二世和他的王后阿尔西诺伊二世。

❶亚历山大港的贵妇人 该雕像以最纯粹的希腊风格雕刻而成。该作品定制者的出身能够解释雕像风格的二重性（即希腊风格和法老风格）（现存亚历山大市希腊罗马博物馆）。

❷面部线条 人物面部呈现一双大眼，通常是合眼。这个元素柔化了面部表情，反映出雕刻现实主义面孔的意愿。

❸发式 该时期雕像所具有的特点之一是在对发式的处理上。波浪鬈发代替了法老假发，其发绺比冠冕形发式要长。

[78] 在文艺复兴时期拥有它的主人是意大利曼托亚（[英]Mantua）的统治者贡扎加公爵家族。——译者注

制的爱琴海港口据为己有，随后他还将发兵罗得岛和帕加马城（Pergame）。这两个城市的国王在雅典君主的支持下，向刚刚在扎马战役（la bataille de Zama）中击败汉尼拔[79]（Hannibal）迦太基军队的罗马请求帮助。罗马没有忘记腓力五世曾在第二次布匿战争[80]（la Deuxième Guerre punique）中与汉尼拔结盟，并将此役视为复仇良机。公元前 197 年，罗马军团在库诺斯克法莱战役（la bataille de Cynocephalus，亦译为西诺塞法拉战役）中打败了腓力五世的马其顿军队。而后，罗马在地中海地区扮演主角。

托勒密五世在巴勒斯坦和爱琴海港口的领土被侵占，同时国王还必须应对上埃及的叛乱以及孟菲斯的普塔僧侣与亚历山大城的僧侣之间的斗争。为了消除这些冲突，法老颁布免除神职人员赋税的法令，并用象形文字、世俗体埃及语和希腊文字将法令复刻在石碑上，这就是著名的罗塞塔石碑。然而，由于亚洲领土的丢失以及神庙税赋的豁免，陷入贫困的埃及政府不得不向河谷内的农民征税。农民难以应对陡增的税收压力，只得放弃种地。这场农业革命诱使盗匪兴起，这些盗匪不仅抢劫国家征税机构，还袭击负责看守他们的兵卒。

最后的阿基德王朝

迎娶了旧敌安条克三世的女儿克利奥帕特拉一世的托勒密五世于公元前 180 年遇刺身亡。其子笃爱母亲者托勒密六世继任王座。和他的父亲一样，六世也在垂髫之年即位为王。于是，他与他的母亲克利奥帕特拉一世共掌大权。同托勒密二世・费拉德尔菲斯如出一辙的是，托勒密六世也娶了他的妹妹克利奥帕特拉二世。

此时，贫穷且在军事上明显处于劣势的埃及遭到了安条克四世入侵，后者在其父安条克三世被谋杀后继承了王位。已经征服了孟菲斯的塞琉古国王逼迫外甥托勒密六世臣服投降。面对这种情况，不愿意投降的亚历山大城向埃及国王的弟弟、外

[79] 汉尼拔（公元前 247 年—公元前 183 年），北非古国迦太基著名军事家，其成长的时代正逢罗马共和国势力崛起，少时曾立下誓言要终身与罗马为敌。——译者注

[80] 第二次布匿战争是古罗马和古迦太基之间进行的三次布匿战争中战时最长也最有名的一场战争，前后持续了 16 年（公元前 218 年—公元前 202 年）。这次战争以后罗马开始称霸西地中海，而迦太基则实力大减，被迫接受苛刻条约，直至第三次布匿战争为罗马所灭。——译者注

号费斯康的托勒密（Ptolémée Physcon [81]）请求帮助。但是托勒密王室的权势纷争使得安条克四世得以围攻亚历山大城。此时罗马决定通过外交手段进行干预，要求塞琉古国王立即撤兵埃及。强大的罗马元老院（Sénat romain）的威胁达到了预期效果。安条克不仅离开了埃及，而且还归还了他在上次冲突中攻占的土地。这些领土被托勒密·费斯康和同他势如水火的亲兄弟托勒密六世所瓜分。

战场上的较量穿插着奇奇怪怪的家族契约。安条克四世在叙利亚去世。托勒密六世支持王位觊觎者亚历山大·巴拉斯（Alexandre Balas），并将他的女儿克利奥帕特拉三世送给后者为妻。但政治关系和家庭关系破裂后，克利奥帕特拉三世就嫁给了她第一任丈夫的敌人德米特里二世·尼卡托尔（Démétrios Ⅱ Nicator，即胜利者德米特里二世）。亚历山大·巴拉斯和托勒密六世在叙利亚境内发生冲突，埃及法老殒命。托勒密六世的遗孀克利奥帕特拉二世任命他们的儿子托勒密七世·尼奥斯·尤帕托为国王。托勒密·费斯康趁着其兄弟托勒密六世去世权力暂时空缺的间隙，宣布自己为埃及国王，名号为托勒密八世施惠者二世。为了确保登基称帝，他谋杀了侄子笃爱父亲的托勒密七世·尼奥斯，并娶了妹妹，即被杀害的国王的母亲克利奥帕特拉二世。

托勒密八世施惠者二世可悲地信守着先辈们发起的血战，并继续战事。他逐步暗杀了所有可能造成继承冲突的王位觊觎者。此外，他与妹妹克利奥帕特拉二世结合，又在第二次婚姻中娶了克利奥帕特拉三世，后者是他第一任妻子与笃爱母亲者托勒密六世的女儿。托勒密八世执政的肆无忌惮和残忍暴戾人尽皆知，在他的妻子克利奥帕特拉二世的领导下，亚历山大城爆发了叛乱。叛乱推翻了国王的统治并将国王驱逐出埃及，但时间不长。国王设法回到了埃及，并反过来将克利奥帕特拉赶出了国家。这对夫妻后来和解的唯一解释是政治上的利益。托勒密八世薨逝后，他与第二任妻子克利奥帕特拉三世所生儿子之一继承了王座，即托勒密九世救星二世。与此同时，八世的私生子托勒密九世·阿皮翁（Ptolémée Ⅸ Apion）控制了昔兰尼王国。托勒密九世在位九年后其统治被托勒密十世·亚历山大一世推翻，后者通过其母亲克利奥帕特拉三世的阴谋得以执掌大权。在托勒密王朝，相亲相爱的

[81] Physcon 的意思是“啤酒肚”。

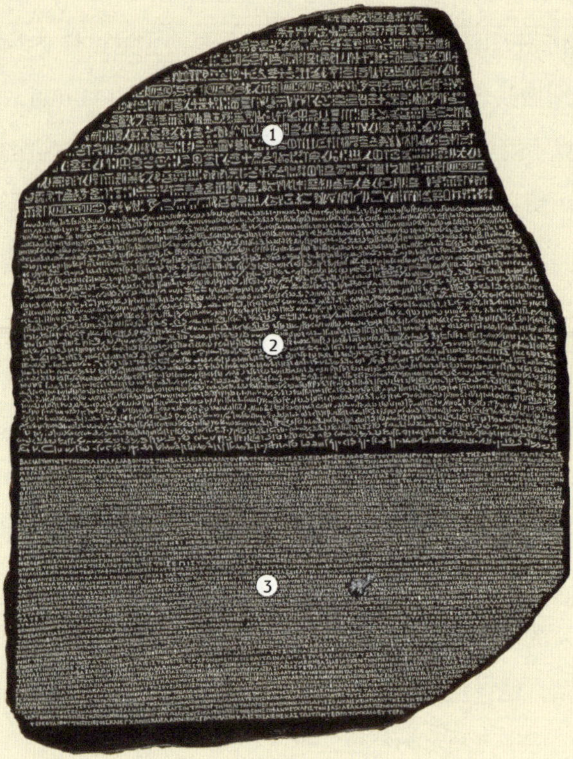

罗塞塔石碑：托勒密五世的诏书

埃及学历史上最重要的资料之一就是著名的罗塞塔石碑。尽管它本身并不是一份异乎寻常的文本，但对它的研究使让-弗朗索瓦·商博良破译了象形文字。

从托勒密时期的后半段开始，埃及神职人员开始重拾部分权力。其中，托勒密五世执政元年，国王为表庆祝找人拟了一份诏书，恢复了孟菲斯僧侣的许多特权并赐予土地。根据当时的习俗，诏书是用埃及语写的，同时也使用埃及通用语言，即世俗体埃及语。由于这是一份刻在石头上的文本，所以使用了❶**象形文字**。在石碑的中间部分，人们能够看到用❷**世俗体埃及语**刻写的同一文本，目的是令埃及官员能够理解这份诏书。最后，在石碑的下部，文本被翻译成❸**希腊语**，人们由此破译出托勒密和克利奥帕特拉的名字。通过对用希腊文和象形文字写成的两个文本的比较，再加上已确定的事实，即在象形茧内出现了一个统治者的名字，这些都帮助商博良破译了象形文字。

王室几乎不存在。事实上，托勒密十世应王朝贵族的要求杀害了他的母亲，而后国王被推翻并由此前被废黜的他的兄弟托勒密九世取代。托勒密十世不仅横征暴敛，而且还被认为曾亵渎过亚历山大大帝的坟墓，而该坟墓至今仍踪迹难觅。

托勒密九世娶了他的两个妹妹克利奥帕特拉四世和克利奥帕特拉·塞勒涅（Cléopâtre Séléné），并任命他的女儿贝勒尼基三世为共同执政者。国王去世后，贝勒尼基三世嫁给了被流放的托勒密十世的儿子，名为托勒密十一世亚历山大二世。托勒密十一世想独自执政，遂谋杀了妻子贝勒尼基三世，然而不久后国王被亚历山大人杀害了。托勒密九世的一个私生子托勒密·奥莱特成为国王，并根据家族的乱伦传统，迎娶了妹妹克利奥帕特拉六世为妻。托勒密十二世是真

托勒密八世和他的两个妻子

托勒密王朝延续了埃及人近亲结婚的习俗。托勒密八世就是一个让人印象深刻的例子，他迎娶了自己的妹妹克利奥帕特拉二世，而后又同后者的女儿克利奥帕特拉三世成婚。图为考姆翁布神庙的一幅浮雕。

托勒密王朝王后的权势

托勒密王朝的突出特点是王后在朝政中扮演着重要角色。有些王后只是单纯地履行妻子的义务，但有一些却手握大权，干预埃及政治。

托勒密王朝的王后们享有当时妇女们闻所未闻的自由。法老妻子们的意见被纳入考虑范围，可以影响君主的决定。此外，她们有时会为寺庙举行落成仪式，还会积极参与政治生活。最引人注意的一个王后是托勒密二世的妻子阿尔西诺伊二世，她是亚历山大城真正的扶持文化者，并得到了同时代人的认可。此外，亚历山大城成了文化的摇篮，诗人们写诗献给托勒密王朝的王后。诗人敬慕王后并视王后为神祇般的人物。而且，自托勒密二世执政以来，从阿尔西诺伊开始，人们便把王后同伊西斯女神联系在一起。更甚一步的是：王后死后会被提升到女性神祇的范畴，并且经常被刻画在浮雕上，接受法老和所有其他家庭成员的供奉。

贝勒尼基二世 作为昔兰尼公主和托勒密三世的妻子，她是著名的王后。后发星座（la chevelure de Bérénice）的名字便取自她的美丽。她在叙利亚战争中起着举足轻重的作用。她是第一个将自己的形象铸造钱币的埃及王后（现存维也纳艺术史博物馆）。

阿尔西诺伊二世 托勒密王朝的多位王后都取名阿尔西诺伊。其中，最为人所知的可能是阿尔西诺伊二世，她嫁给了她的兄弟托勒密二世。她被诗人赞誉为亚历山大城文化发展的推动者，在生前就已经被神化（现藏亚历山大市希腊罗马博物馆）。

正受罗马元老院操控的傀儡，他把塞浦路斯王国交由元老院掌管。亚历山大人没有能力对抗罗马帝国，因此他们剥夺了托勒密十二世的王冠，并将之戴在了他的女儿贝勒尼基四世的头上。

埃及：罗马的行省

对于当代读者来说，即便是历史学家，阿基德王朝的繁杂事件似乎总是让人应接不暇。此外，还要加上名字的相仿以及有时重合且快速更迭的统治。在这一动荡时期，埃及人也是如此，他们建造或扩建神庙。这就解释了为什么面对报复的恐惧，许多雕刻在托勒密圣殿上的王家象形茧是空的，或者刻着与王宫

克利奥帕特拉一世 作为叙利亚国王安条克三世的女儿，该王后同法老托勒密五世的联姻使埃及和小亚细亚结成联盟。克利奥帕特拉一世的影响深远，她生前就已经被神化。托勒密五世薨逝后，托勒密六世[82]尚未成年时，王后获得了摄政大权（现存巴黎罗浮宫博物馆）。

克利奥帕特拉二世 她是独自统治的王后之一。克利奥帕特拉二世嫁给了兄长托勒密六世，六世逝世后，她成了儿子的摄政之人。但是，她很快又嫁给她的另一位兄长托勒密八世为妻。不久，她领导起义，反对托勒密八世，并独掌大权，但是后来她又将王位还给了托勒密八世（现存巴黎罗浮宫博物馆）。

克利奥帕特拉七世 这位王后法老是埃及君主制的最后一位代表。作为克利奥帕特拉六世和托勒密十二世的女儿，克利奥帕特拉七世和她的弟弟也是她的丈夫一起继承了王座。传说中，她是一个倾国倾城的佳人，但是她更应该是一位优秀的战略家，试图实施一项明智的政策（现存罗马梵蒂冈博物馆）。

同义的“大居所”这个笼统的名称。确实存在的可能是：装饰完成之时，下令的国王或已被推翻或暗杀了。

罗马帝国的迅速崛起与其说是基于其自身的优势，不如说是建立在邻国实力由于内斗削弱了的基础之上。然而，可以肯定的是，罗马的登场迅疾而至。由于有一支纪律严明的军队，帝国第一次征伐进展迅猛且毫无征兆。而在经营战场上获得了胜利果实时，情况就不同了。事实上，将军们定居在被征服的城市，忘记了他们要听命于谁，而元老院对此漠不关心。但是由于骑兵这一社会阶层的出现，此种情况有所改变。经过商量

丹德拉星图（第202—203页）

哈托尔神庙的天花板上描绘着这样的场景：每日清晨太阳自天空之神努特的母腹中孕育而出。图画的背景是星辰满布的夜空。

[82] 原文有误，原文为 Ptolémée V，即托勒密五世。——译者注

骑兵很快意识到，他们需要扩大贸易领域，从而在攻占的领土上进行殖民。

在托勒密十二世执政时期，罗马的权力最终得以确立在庞培（Pompée）在庞特（Pont）和亚美尼亚（Arménie）取得胜利的基础上。军人和政治家的威望使庞培成为前三头统治者之一，与恺撒（César）和克拉苏（Crassus）比肩而立。正是在庞培的扶植下，尽管没有得到元老院的同意，被废黜的托勒密十二世·奥莱特耗时四年得以复位。克拉苏在与帕提亚人（les Parthes）的战斗中丧生后，权力之争聚焦在了前三头政治同盟中的两个幸存者身上：恺撒和庞培。托勒密十二世也薨逝了，但他在生前指定了未成年的儿子托勒密十三世·迪奥尼斯奥斯二世和克利奥帕特拉七世为继承人。

克利奥帕特拉七世执政二十一年。根据我们所拥有的关于她的艺术作品（尤其是钱币）来判断，她并不像传说中那样美丽。但她的文化修养很好。事实上，女王精通多种语言，并且尤为熟知埃及语，尽管当时人们几乎已经不再使用该语言进行书写。她的弟弟兼丈夫托勒密十三世比她小八岁，他将这位耀眼的女王视为危险，逼迫女王放弃亚历山大城。但克利奥帕特拉七世运用与生俱来的才智，集结了一支军队。与此同时，元老院打算解散在高卢凯旋并成为民主派元首的恺撒的军团，恺撒遂决定兵入罗马。这就是内战的开始。恺撒掌控着局势，他在伊斯帕尼亚（Hispanie，即西班牙）取得胜利后，又在法萨罗（Pharsale）击败了庞培的共和派。后者逃到埃及，托勒密十三世不希望与叱咤风云的恺撒大帝敌对，于是在亚历山大城暗杀了庞培。而恺撒为了追捕庞培（他不知道庞培已死），来到了埃及，拜倒在克利奥帕特拉七世的石榴裙下。王后运用计谋，设法进入了恺撒的王宫。恺撒试图让托勒密十三世和克利奥帕特拉七世消除隔阂，结果却让自己和克利奥帕特拉都被关在了亚历山大的王宫里。罗马军团为了解救恺撒，同埃及军队发生冲突，托勒密十三世死亡。克利奥帕特拉七世和她的情人沿尼罗河南下直抵努比亚边境，这是宣扬国威的一次巡游。也许正是由于此次巡行，他们的儿子托勒密·恺撒才得以诞生。几个月后，恺撒离开埃及前往亚洲作战，但在这之前，他把王国交给了克利奥帕特拉七世的弟弟托勒密十四世·菲洛帕托，并让这个少年娶了女王。

统一埃及和罗马的计划与恺撒和克利奥帕特拉七世的婚姻齐头并进，但这位独裁者已经娶了卡尔普尼亚（Calpurnia）。卡尔普尼亚同恺撒以前的妻子一样没能生下男嗣。恺撒的君主制计划包括制定了一项法律，允许国王实行一夫多妻制，就像古埃及的习俗一样。但是，共和派反对君主制，布鲁图斯（Brutus）和卡西乌斯（Cassius）带领元老会议员在元老院门口刺杀了恺撒。于是，彼时身在罗马的克利奥帕特拉逃回了埃及，在摆脱托勒密十四世后，任命了她的儿子托勒密十五世·恺撒里昂为共同执政者。

马克·安东尼（Marc Antoine）曾是恺撒的副官，他比肩屋大维（Octave）和雷必达（Lépide），并同二人一起组成了后三头政治同盟。三巨头在腓立比（Philippes）战胜共和派，屋大维和马克·安东尼又合力将雷必达从三巨头中除名，分享了帝国。就在这时，执掌帝国东部地区的安东尼与克利奥帕特拉七世结盟，导致了他与屋大维的短期决裂。埃及女王的魅力再次成为她的助力。马克·安东尼甚至将帝国的几个省份划拨给了女王，包括塞浦路斯、克里特岛（Crète）和腓尼基。作为交换，安东尼的情妇、恢复了埃及帝国的女君主克利奥帕特拉七世给马克·安东尼孕育了三个孩子。安东尼陷入了女王的"温柔乡"，乐不思蜀，远离了罗马。

与之相反的是，屋大维统帅着训练有素的军团，威望大增。当屋大维向元老院宣读马克·安东尼的秘密遗嘱时，这两位巨头之间的敌对情绪爆发了，屋大维指责后者是叛徒。公元前 32 年，罗马向埃及宣战。这场战役于公元前 31 年在亚克兴角（Actium）水域进行。屋大维的军团阻断了陆上所有的脱身之路，在海上，罗马的船只在阿格里帕（Agrippa）将军的指挥下与马克·安东尼散乱的舰队对峙。面对共和国军队，实力悬殊的克利奥帕特拉七世和马克·安东尼望风而逃，并留下埃及舰队任由屋大维支配。在陆地和海上的围困之下，马克·安东尼谈判无果后自戕殒命。屋大维找人杀害了克利奥帕特拉七世的儿子，即最后的阿基德国王托勒密十五世·恺撒里昂。克利奥帕特拉七世拒绝作为战利品被送到罗马，任由眼镜蛇咬伤身亡。

埃及的星相学：丹德拉的黄道十二宫

在丹德拉哈托尔神庙的露台上伫立着两座规模不大的祭堂，用于敬奉冥神欧西里斯。在其中一个祭堂的天花板上，人们能够看到一块雕刻于公元前 50 年的浮雕，描绘的是埃及的天空。

保存在罗浮宫博物馆的这幅浮雕描画的是埃及天空的圆形天球图，包括古埃及人民可以观察到的星座。夜空由四个女性人物支撑着，并由多个隼头人身的神祇协助。在图像的外圈，三十六个图形代表黄道十二宫中的所有旬星[83]（décans），十颗星辰的小组标志着十天一周期的开始。这些旬星代表埃及一年中的360天。在内圈描绘出的星座几乎和今天的一模一样。部分星座很容易识别，而另一些则是按照埃及风格雕刻而成的。例如，人们能辨认出掌管尼罗河河水泛滥的哈皮神（Hâpy）的图像。该神双手端持着盛水容器，也象征着水瓶座。牛腿代表大熊星座，而河马女神则象征天龙星座，龙这种生物并不存在于埃及人的想象中。长期以来，人们认为该黄道十二宫可以追溯的古早年代也许是新王国时期，但是，根据对星座行星图像的研究，它的年代可上溯至公元前50年。无论如何，人们不应该把这幅浮雕看作简单的黄道十二宫或者某一精准时刻的表征，而应该将其同目之所见的全部行星一起看作一个整体——夜空景象。而且，就现今所知，该浮雕也是黄道十二宫的第一张图片。

[83] 旬星，亦称“旬度星”，是古埃及天文学的发明。古埃及人选定 36 颗与天狼星有相似运行规律的星星（每年在夜空消失 70 天）为旬星，把 10 天分为一个“星期”，每 10 天一颗旬星消失，而一颗新的旬星出现，360 天后所有的旬星都出现并消失一次。（颜海英《古埃及黄道十二宫图像探源》）——译者注

传奇佳人克利奥帕特拉七世

克利奥帕特拉七世大概是埃及历史上最具魅力的人物之一。要知道，在古典世界中，神话与历史混杂在一起，部分事件会被歪曲，使其周围笼罩着迷人的神秘感。这就是为什么故事往往会演变成传说。埃及艳后也没能逃脱这种充满想象力的加工。克利奥帕特拉的诱惑力与其说是依靠她的美貌，不如说是依靠其他更难能可贵的才能，而这些才能并不适合编造成神话传说。此外，关于眼镜蛇的咬伤并未记录在案，即便“历史上”已承认了这一事实。实际上，我们并不知道女王是因何而死的。埃及学家威廉·斯皮格尔伯格（Wilhelm Spiegelberg）在1925年给出了“官方”解释，他明确表示被蛇咬是神化的标志。克利奥帕特拉七世被同化成了女神伊西斯，眼镜蛇是其象征。但是该论断在1961年受到了约翰·格温·格里菲斯（J.G.Griffiths）的质疑。在格里菲斯看来，作为国王女儿的克利奥帕特拉七世是圣婴西娅（thea），她自出生起理所当然地就是女神伊西斯·阿芙洛狄忒的化身。

我们也不知道人们是如何处理她的尸身的，即便根据托勒密五世以来的家族习俗，尸身很有可能被制成了木乃伊。随着诞生于埃及的最后一位王后克利奥帕特拉的香消玉殒，传承了三千多年璀璨辉煌的文化至此湮灭。埃及也失去了独立，成了罗马的一个行省，沦为新生帝国的一个粮仓。

①**雕像** 克利奥帕特拉的这尊雕塑由黑色玄武岩制成，时间可追溯至公元前1世纪，高逾一米（现存艾尔米塔什博物馆）。

②**眼睛和头饰** 雕像原来的眼睛和头饰都已不翼而飞（头饰很可能是牛角之上放置太阳圆盘）。

③**乌赖乌斯圣蛇** 三条乌赖乌斯圣蛇悬于额前。这个细节可以让人们明确地辨认出作品所刻画的人物。

④**丰收角** 女王左手握持的丰收角是繁荣昌盛的象征，表明该作品受希腊罗马的影响。

档案：古埃及后期的神庙

希腊人和罗马人在他们的帝国疆域内施加了强大的文化影响。但在尼罗河地区，除了亚历山大港，依然受埃及宗教的影响，沿用传统的建筑式样。

托勒密时代的人们沿着尼罗河河谷建造神庙，在大体上他们仍然沿用第十八王朝法老阿蒙霍特普三世的建筑师海普之子阿蒙霍特普创造的典范。希腊人和罗马人有自己的建筑风格，但他们保留了他们并不熟知的被征服国家埃及的建筑式样。该事实唯一合理的解释

奥古斯特·马里埃特

这位法国考古学家是最早研究古埃及后期建造的神庙的古埃及学家。十九世纪中叶，他的研究工作使掩埋在泥沙之下的丹德拉神庙重见天日。该神庙因始终被掩埋而保存完好。

漠漠黄沙下的神庙

新王国之后埃及的许多神庙遗迹都保存完好，因为它们多年来一直都埋藏在沙漠的黄沙之下。埃德福神庙（见上图）就是这种情况，正如人们在苏格兰画家大卫·罗伯茨（David Roberts）于19世纪中叶绘制的一幅水彩画中看到的那样。托勒密时代的神庙建筑仍然忠实于第十八王朝的式样，但增加了细节。这种风格中最具有代表性的神庙建筑也许就是菲莱岛的伊西斯神庙（见左图），它建造于托勒密二世时期，并于罗马时代竣工。它被联合国教科文组织移到了附近的阿基勒基亚岛（Aguilkia）。

是埃及的吸引力无可辩驳，即使外族人不理解，它也是不言而喻的。此外，这种正式的从属关系可以拉近与埃及这个虔诚民族的距离，进而强化合作关系。希罗多德本人在《历史》第二卷中强调了埃及人的祭司和宗教性，尽管他并未很好地定义宗教和迷信之间的区别：“在与神祇有关的方面，埃及人非常讲究仪式，而在其他方面，他们则极其迷信。”

人们对本土建筑的尊重达到了难以想象的高度，甚至还从古王国时期的典范建筑中汲取灵感。在埃德福供奉荷鲁斯的托勒密神庙圣殿中，一处铭文表明该神庙是由伊姆霍特普设计的，这位被神化了的第三王朝的建筑师在萨卡拉为国王左塞尔建造了埃及的第一座金字塔。如果说想象超越了现实的话，那么现实本身也被虔诚所超越，因为事实是，托勒密王朝的神庙仿照的是第十八王朝阿蒙霍特普的设计。因此，埃德福神庙借鉴了阿蒙霍特普的式样，但在其虔诚而又虚幻的意图中，埃德福的铭文将神庙的设计时间向前推进了 1260 年，追溯至阿蒙霍特普生活的时代，这种构思在宗教幻想中才合理。

在古埃及后期托勒密王朝时期，伊姆霍特普和哈普之子阿蒙霍特普，这两位被神化的建筑师被刻画在多处圣殿内、被书写在铭文中。他们的形象或名字出现在卡纳克的普塔神庙、阿蒙神庙和孔苏神庙，以及在迪尔·埃尔-麦迪尼、提埃尔巴哈利、埃德福、丹德拉和菲莱的神庙。伊姆霍特普不仅是一位建筑师，他的知识使他成为希腊的医学之神阿斯克勒庇俄斯（Asclépios），接着他又成了罗马万神殿中的埃斯库拉庇乌斯（Esculape）。

新王国的遗产

现在让我们来看看其主要的组成部分，包括卢克索神庙以及托勒密王朝在此处所做的改动，阿蒙霍特普将卢克索神庙设计得像神的居所一样。卢克索神庙是“阿蒙神在南部的宫殿”，它是作为卡纳克阿蒙神庙的补充建筑而建造的。当卡纳克三联神（阿蒙-拉神、穆特和孔苏）为庆祝一年一度的欧佩特祭典暂居卢克索时，该神庙的主要功用就是存放他们的神船。这座神庙的式样为后来的许多神庙所仿照，神庙前面是高大的入口塔门，后面是一个带有露天门廊的院子、一个多柱厅、一个侧厅，以及被称为“圣中之圣”摆放阿蒙神雕像的圣所或神龛（周侧是附属祭堂）。事实上，这些雕像带有生命精气：阿蒙神的“卡”。

当然，人们在后来的庙宇建造中进行了一些形式上的变化，但阿蒙霍特普最初的大体设计并未改变。在托勒密王朝建造的各种庙宇中，这些改动都呈现出某一特定特征。

托勒密朝代建造的神庙沿用新王国时期神庙的典范，通常都有一圈高高的泥砖围墙（圈定祝圣空地），该围墙同入口塔门相连。该围墙泥砖排列并不是水平的，而是有波动起伏的，这让人想起诞生生命的初始海洋。这道屏障在物质和意识形态上都保护了神的家园。事实上，玛阿特女神制定的秩序支配着神庙内部，统治着外部的却是险恶的混乱无序。穿过塔门，一处巨大的柱廊庭院延伸到神庙本身的两侧和后面，从而形成了一个露天走廊。新王国时期神庙的正面是第二道塔门，而托勒密时期修建的圣殿外观则与此不同，后者正面是由柱子组成的且柱子之间设有一道矮墙，矮墙刚有柱身高度的一半。这种柱间结构是古埃及后期神庙的第一个区别性特征。柱间矮墙和额枋之间的开口为第一座多柱式大厅或者说神殿提供了光线和空气。经过该大厅一路来到神庙最里端，各式各样的建筑都囊括在圣所之中，圣所因低矮而引人注目。正如其希腊语名称所指的那样，圣所是神的居所，这也是为什么只有祭司才能进入其中的原因。

圣所内的第一处建筑物是两侧建有附属建筑的第二座多柱式大厅。再往里走便是供奉厅和前厅，通过前厅可以进入一座座供奉不同神祇的祭堂，这些祭堂围绕着神庙专门供奉的神祇的圣殿。这座隐蔽的圣殿，即 cella，内有一座巨石建筑，同样被称作圣所（naos）。神像的安息之所是圣所中由两扇门关闭着的神龛。每一座托勒密王朝的神庙都有自己的建筑特色。但是，它们却从未偏离常见的建筑设计。因此，在供奉哈托尔的丹德拉神庙中，有六个房间围绕着圣所多柱式大厅，其中两间被用作实验室和宝库，这与埃德福荷鲁斯神庙的布局几乎一模一样。这种相似性并不令人惊讶，因为埃德福的荷鲁斯神是丹德拉哈托尔女神的丈夫，或者是她的帮手。在一年一度的节日“相聚节”中，仪式队伍将哈托尔的雕像装上船，并沿尼罗河溯流而上将其运送至埃德福，这对神仙伴侣将在那里同住数日。

同埃德福一样，在丹德拉，供奉厅附近有一处阶梯通向哈托尔亭所在的露台，“与太阳圆盘结合”（l'union au disque solaire）这一备受瞩目的仪式就在此举行。该仪式是新年庆祝活动的一部分，时间是泛滥季节第一个月的第 11 天，索普德特星（Sothis，亦译为索普代特，即神化的天狼星 Sirius）在日出前出现在地平线以东，它也标志着尼罗河一年一度河水泛滥的开始。新年前夜，夜行队伍将雕像从各个神庙的祭堂请到哈托尔亭。把雕像安放在亭子里并揭开覆在其上的亚麻纱布后，崇拜者们便一边祈祷，一边等待日出。于是，晨光初绽“唤醒”神的力量，

托勒密时期神庙建筑

丹德拉神庙（右上图）和埃德福神庙（右下图）的平面图。托勒密时期圣殿的建筑方案与希腊罗马时期的神庙一样，都模仿阿蒙霍特普在第十八王朝时期设计的卢克索神庙。在供奉哈托尔的丹德拉神庙和供奉荷鲁斯的埃德福神庙中，参照同一个建筑样式，人们可以分辨出其中的差异。这张丹德拉神庙平面图没有绘制同埃德福神庙中相似的塔门和庭院。两张平面图的主要差别集中在建筑物的规模上。

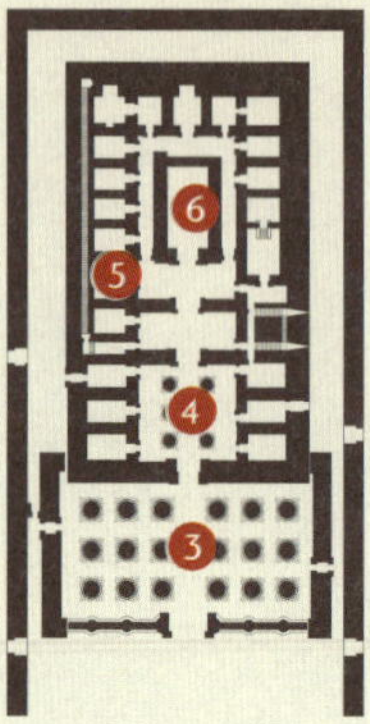

❶ **塔门入口：** 塔门由两个顶部相连的梯形石台座组成，并由此框定门庭。它是对原始山丘的一种再现。

❷ **柱廊庭院：** 人们在廊柱空间内举行寺庙内部的宗教游行仪式。这里是达官显贵们唯一可以进入的区域。

❸ **神殿[84]（pronaos）内的多柱式大厅：** 该围墙也被称为第一多柱式大厅。除了这个大厅，在希腊罗马神庙中，神殿还包括塔门和庭院。

❹ **圣所的多柱式大厅：** 它没有圣所前面的那座大厅那样高大。随着人们步入神庙深处，便会发现大厅越来越低矮。

❺ **附属祭堂：** 这些建筑是专门用来供奉除神庙主神之外的其他神祇的。

❻ **主祭堂或圣殿（cella）：** 它拥有一个由整块石头凿裁而成的内部祭堂（圣所），其内部供奉神的雕像。

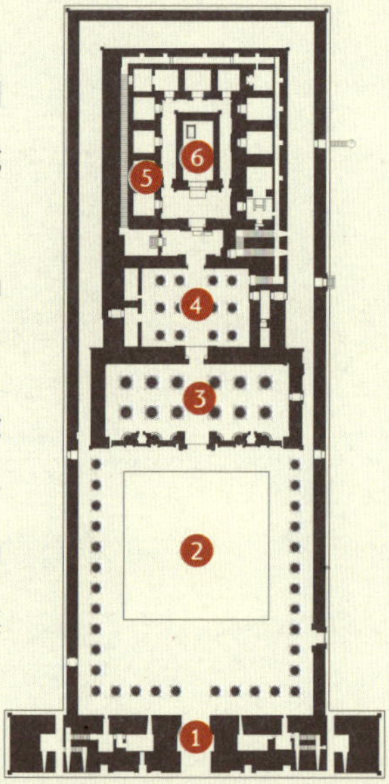

即蕴藏在诸神之中的生命之卡。秘密仪式结束后，游行队伍再次将雕像放在他们的圣船上，并沿着位于神庙东部的另一处阶梯下山，该阶梯在上山的阶梯对面。

埃德福神庙多柱式大厅（第 213 页）
列柱柱身和矮墙上遍布着关于神祇和国王的雕刻版画。

[84] 神庙中轴线上圣所前面的建筑物。——译者注

祭拜礼器

人们在藏宝室里准备祭拜所需的贵重物品：雕像、珠宝、花瓶、烛台以及用银、金、琥珀金、青金石和其他次珍贵的宝石制成的祭品。仪式庆祝结束后，这些价值不菲的宝物被收藏在地室和隐秘的房间中，这两处地方要么被掩藏在墙壁中，要么被遮盖在神庙内最隐蔽部分之下。掀起地面上的一块盖板，人们就可以沿着楼梯进入这些秘密仓库。

人们在丹德拉发现了 11 个地室。部分地室装饰有浅浮雕，描绘的是存放在那里的珍贵物品。其中,三个地室在地下,其他的则位于一楼的墙壁内。要想进入其中，需要取出写有铭文的砖块，露出一个 50 厘米宽的开口，这个开口大到足以让一个祭司通行。

神庙的实验室是用来准备日常祭拜所需的香料的。根据刻写在墙上的铭文，我们发现了用于制作诸如香一类的产品的配方。香里面的许多成分都来自埃及之外，虽然我们无法确定其全部成分，但我们知道制作它要花费数月的时间。

图书馆与实验室紧密相连。埃德福的图书馆由嵌在柱间横梁的小室构成，位置在进入神殿右手边的第二根和第三根柱子之间。墙壁上刻有纳入该图书馆的书卷目录。墙壁上醒目的壁龛内放置有匣子，匣子里保存着纸莎草纸卷。其中，一本写有实验室香料配方的小册子、一本抵御邪恶力量的公式书、一本天文学专论，以及关于日常礼仪和节日的书都出现在书籍目录上。事实上，铭文是托勒密王朝神庙最宝贵的财富。这些书本向我们揭示了书吏从未记录过的主题和方面，即使我们必须像商博良那样承认他们的风格已经过时了。

玛米西庙是附属于托勒密朝神庙的独立建筑，是专门用于神祇降生的庙宇。在丹德拉，第一座玛米西庙建于内克塔内布一世统治时期，供奉伊希神，该神是意为“孩子荷鲁斯”的哈波克拉特斯（Hapocrate）的一种化形。在第一座玛米西庙近旁坐落着一座后来的玛米西庙，它可能是尼禄建造的，并在图拉真[85]（Trajan）、哈

[85] 图拉真（公元 53 年—公元 117 年），古代罗马安敦尼王朝第二任皇帝，罗马五贤帝之一，公元 98 年—公元 117 年在位。后面的哈德良、安敦宁也都是罗马五贤帝之一。——译者注

德良（Hadrien，或译为哈德里安）和安敦宁（Antonin）统治时期进行了扩建和装饰。另一座保存完好地流传下来的玛米西庙建于菲莱岛，时间可追溯至公元 4 世纪查士丁尼（Justinien）统治时期，它是埃及人最后的祭祀神庙。

菲莱：努比亚的明珠

由于阿斯旺大坝的修建，人们开展拯救努比亚古迹的行动，将菲莱岛神庙从原址迁移到了邻近的岛屿——阿基勒基亚岛。然而，出于浪漫的习惯，我们继续称供奉伊西斯的这片独特建筑群为菲莱，这引发了一个问题：为什么在规模宏大的伊西斯神庙周围会出现这样一座建于古埃及后期的圣殿建筑群呢？答案在于对伊西斯和她的兄弟兼丈夫欧西里斯的崇拜在法老式微之时意外崛起。伊西斯是拉神最喜爱的女儿。作为心伤不已的妻子、遗孀和荷鲁斯的母亲兼守护者，她既是苦难的化身，也是欧西里斯重生所象征的最终胜利。她代表拉神的光芒，即她父亲释放的新能量，同时她也是日落时获救的希望。伊西斯强大的个性使她能够整合妹妹哈托尔的能力，这也解释了为什么在神庙的塔门上她的冠冕被饰以太阳圆盘和牛角。

伊西斯神庙最令人称奇的描绘也许是关于尼罗河诞生的画面。该场景被描刻在伊西斯神庙西边哈德良修建的亭子上。被置于洞穴中的河神哈皮倾倒象征着圣河源头的两罐水。一条蛇保护着他，一鹫一隼在岩峰上守护着洞口。

在阿基勒基亚岛的西端，供奉冥神欧西里斯的花岗岩岬角自水中浮现。同样位于原菲莱岛西部的碧奇岛（l'île de Biggeh）是该花岗岩岬角的原型。它讲述了这样一个神话：伊西斯在这里找到了欧西里斯的左腿并将之埋葬于此，她还让人相信她埋葬的是整具木乃伊。在这块荒凉的岩礁上，没有一棵树可以让鸟儿降落；万事万物都不会打扰欧西里斯坟墓的平静和安宁。

在菲莱岛下游 50 公里处是托勒密时期建造的考姆翁布神庙。该神庙修建在图特摩斯三世的圣殿基址上，矗立在与尼罗河相接的一座山丘上，像一块守护着河水的石头。菲莱神庙供奉着一位女神祇。考姆翁布神庙的特殊性是，它是埃及唯一一

亭子：希腊罗马神庙的特色

亭子是指四面开放的建筑物。在宗教日历的某些特定日期，人们通常会在这些小品建筑[86]中举行宗教仪式。丹德拉神庙（如图所示）建在一个正方形的平面上，由12根哈托尔女神柱[87]组成。人们在这里举行“与太阳圆盘结合”的新年仪式。人们从祭堂中请出神像，并将它们集中到神庙内部的庭院中，即“洁净厅”（la salle pure）的附属建筑。人们在这个院厅里洗涤伊西斯和哈托尔神像，并饰以珠宝，还像供奉其他神祇一样向她们敬奉供品。随后，在代表国王的大祭司的主持下，进行庄重的队列游行。祭司身后是被放置在可搬动的圣船内的伊西斯和哈托尔雕像，人们搬动圣船沿着庭院附近的阶梯上行。游行队伍走遍整个建筑顶部，来到已经覆盖纱布的亭子。一旦神像被停放在亭子里，纱布被揭开，人们就开始等待日出，这是与太阳圆盘结合仪式的高潮。沐浴在阳光下的雕像通过吸收拉的神力而“复活”。该仪式证实了由太阳光物化的神力能周期再生，太阳是所有生命的起源的想法。仪式是在最秘密的情况下进行的，只有神职人员才能参与其中。祭司们向雕像诵经的喃喃低语与在神庙外等待日出的人们咏唱赞美诗的欢欣鼓舞形成鲜明的对比。带着与开始时一样的庄严静穆，人们把这些雕像送回到它们各自的圣殿祭堂。尽管所有的庙宇都庆祝与太阳圆盘结合的仪式，但是只有丹德拉和埃德福的神庙做得最好，因为那里的人们能循着刻画在墙壁上的步骤开展游行。

[86] 从属于某一建筑空间环境的小体量建筑，专指那些小而简的建筑。——译者注
[87] 柱头是哈托尔女神的头像。——译者注

丹德拉的地室 实验室和藏宝地室是神庙最隐秘的地方。

座供奉着两个主神的神庙：索贝克和哈里奥埃里斯（Harioëris）。化身为鳄鱼和鹰隼的兽形神祇共享庭院、两个多柱式大厅和神庙建筑群的前厅；只有圣殿是个体化的：北殿供奉哈里奥埃里斯，南殿供奉索贝克。

如图，我们看到多柱式大厅或者神殿的立柱彼此邻近，而各柱头之间则对比鲜明。这既象征刚刚重见天日的昔年光景，又象征着那个时代的埃及人礼赠。

无与伦比的考姆翁布神庙

考姆翁布包括三堵围绕着圣所大厅的墙。因此，其内部的祭堂固若金汤。这种对神像的保护使寺庙看起来就像一座坚固的堡垒。然而，神庙内雕琢其上的精美图画和柱头上的雅致图案弱化了这种坚固的印象。独特的科林斯式莨苕[88]装饰叶与其中一根立柱柱顶朴实无华的纸莎草形成对比，这些柱子彼此距离很近。这一点，加上占主导地位的、几乎完美的对称性，使考姆翁布具有独一无二的外观，这是之前或同一时期的其他圣殿所无法比拟的。该类型神庙原原本本地沿用了古埃及后期的圣殿式样。柱间矮墙构成的神殿外墙在衬得立柱矮小的同时，也使它们更有气势。在额枋上重复出现的保护太阳的荷鲁斯双翼宣示着该崇拜的双重性。

[88] 读音 gèn tiáo，是 acanthus 的音译，是外观与蓟相仿的地中海沿岸植物，其叶子坚挺多刺，在古希腊和古罗马时期它被用作科林斯式和复合柱式立柱柱首的装饰。——译者注

笃爱母亲的托勒密六世 考姆布神庙浮雕，描绘的是索贝克紧紧搂抱着这位法老。

❶入口塔门 保存下来的只有右边的石台座。现身其上的图密善国王（Domitien也译为多米提安）正向当地的索贝克三联神奉献祭品。

❷柱廊庭院 进入神庙的必经之所，但也只有达官显贵们才被允许进入。在祭堂回廊处进行宗教游行队伍的出发地。

❸第一座多柱式大厅 在此处的墙壁上，我们能看到描绘着神庙内各种祝圣仪式场景的浮雕，祝圣的神祇是索贝克和哈里奥埃里斯的三联神。

❹第二座多柱式大厅 该大厅墙壁上绘制的浮雕场景是法老托勒密六世和八世进献贡品。

❺供奉厅 供奉厅由三所排成一列并相互连接的厅室组成，其上的壁画描绘的是托勒密六世亲自献祭的场景。

❻索贝克圣殿 在这里，人们能看到由整块石头凿琢而成的圣所，圣所内放置着结合有拉神形象的鳄鱼神雕像。

❼哈里奥埃里斯圣殿 在考姆翁布，哈里奥埃里斯同孔苏神和舒神[89]结合在一起。他也是欧西里斯的弟弟。

❽外部祭堂回廊 同埃德福神庙一样，宗教游行仪式在这里进行。

❾围墙 该围墙由泥砖垒砌而成，让人想起承载着原初之水的初始海洋。它的作用是隔离神庙内现行的秩序与外部世界的混乱无序。

[89] 又名苏，在古埃及神话中，他是大气之神、天空的化身。舒是年幼的太阳神阿图姆呼气时创造出来的。——译者注

附　录

插图（左侧） 石棺的主人翁荷尔（Hor）是第二十二王朝名不见经传的一位人物；他的棺木上应用了彩色装饰，用绚丽的色彩描绘了多幕宗教场景（现存伦敦大不列颠博物馆）。

古埃及：最后的法老

阿戈斯
斯巴达
梅洛斯
特拉
德洛斯
考斯
米利都
哈利卡那索斯
罗德岛
克里特岛
克诺索斯
费斯托斯
帕莱卡斯特罗
哈吉拉尔
卡塔尔·赫约克
阿扎瓦
托罗斯山脉
塔尔苏斯
阿达纳
哈兰
米坦尼
阿拉拉赫
阿勒普
迦基米施
艾玛尔
乌加里特
埃勃拉
阿拉希亚（塞浦路斯）
萨拉米斯
帕福斯
卡特纳
比布鲁斯
卡迭石
塔德莫（又名帕尔
西顿
推罗
大马士
阿佐尔
美吉多
雅法
耶路撒冷
加沙
死海
叙利亚沙漠
地中海
托勒迈斯
阿波罗尼亚
昔兰尼
贝勒尼斯
亚历山大
扎乌耶特·埃尔-拉卡姆
塞易斯
塔尼斯
瑙克拉提斯
莱昂托波利斯
贝鲁西亚
阿瓦西斯
布巴斯提斯
赫利奥波利斯
孟菲斯
麦地能·埃尔-法尤姆
赫拉克里奥波利斯
下埃及
锡瓦绿洲
马加拉干谷
尼罗河
巴哈利亚绿洲
俄克喜林库斯
赫尔莫波利斯
泰尔·埃尔-阿马纳
南达库塞
阿斯尤特
埃尔巴达里
法拉弗拉绿洲
菲洛特拉斯
库塞尔
提尼斯
丹德拉
阿比多斯
科普托斯
底比斯
哈尔加绿洲
达赫拉绿洲
埃尔卡布
埃德福
考姆翁布
阿斯旺
第一瀑布
上埃及
库尔库尔绿洲
贝勒尼斯
红海
都古尔绿洲
下努比亚
布衡
米尔吉萨
第二瀑布
瓦迪哈勒法
阿斯库特
坦古尔
赛利马绿洲
第三瀑布
科尔玛
卡乌亚
库尔古斯
第四瀑布
纳帕塔
努里
第五瀑布
栋古拉
萨瓦金
库施
上努比亚
麦罗埃
纳加
第六瀑布
索巴
细节区域图
埃及
后期古埃及
首都或者重要城市
金字塔
绿洲
商路
后埃及后期的遗址
埃及防御工事
被灌溉之地
库施国的中心
托勒密一世王朝（公元前305年-公元前283年）
托勒密王朝时期埃及最辽阔的疆域

尼罗河三角洲
博罗洛斯湖
梅蒂巴
罗塞塔
卡诺普
埃德库湖
亚历山大
马里乌特湖
卡夫达瓦尔
阿米里亚
梅特利斯
埃尔哈姆勒
迪奥斯波利斯·帕尔瓦
弗瓦
布托
比尔卡斯
德苏克
埃尔哈姆拉
比亚拉
巴特拉
肖伊斯
埃尔-库尔迪
赫尔莫波利斯·帕尔瓦
塞易斯
艾西斯神庙
埃尔-曼苏拉
埃尔-马哈拉
塞本尼托斯
门德斯
塔尼斯
埃尔-卡普
贝鲁西亚
埃尔-库博拉
部西里斯
特慕斯
瑙克拉提斯
卡夫·扎伊亚特
桑巴特
那巴沙
西勒
阿匹斯
坦塔
达芙涅
泰尔·阿布亚辛
匹-拉美西斯
伊姆
塔瓦
齐夫塔
莱昂托波利斯
阿瓦西斯
埃尔-特里亚
石本·埃尔-考姆
布巴斯提斯
阿布哈马德
赫龙波利斯
Terenutis
本哈
阿特里比斯
塔尔-索普杜
大苦湖
梅里姆达
（贝尼·萨拉玛）
图伊
贝尔别斯
莱昂托波利斯
埃尔卡纳蒂尔
赫利奥波利斯
下埃及
莱奥托波利斯
舒布拉
阿布拉瓦西
吉萨
福斯塔特
扎乌耶特·埃尔雅利安
梅艾迪
阿布西尔
图拉赫
塞加拉
埃尔-奥玛里
孟菲斯
赫勒万
代赫舒尔
埃尔-加拉维干谷
埃尔-米尼亚
红海
西三角洲
卡斯尔·埃尔-萨加
埃尔利希特
迪梅
法尤姆绿洲
卡夫·塔尔汉
埃尔哈马姆
盖尔甘
新努里斯
阿芙洛蒂托波利斯
迪奥尼萨斯
塞拉
迈杜姆
克罗科迪洛波利斯
（鳄鱼城）
麦地能·埃尔-法尤姆
哈瓦拉
埃尔-拉罕
埃尔迈蒙
东三角洲
纳姆迪斯神庙
赫拉克里奥波利斯
马格多拉
泰布图尼斯
贝尼苏韦夫
尼罗河
德达赛什
比贝
尤瑟夫运河
埃尔-费什恩
安西罗农波利斯

对照年表

古埃及：从第三中间期到法老埃及的落幕

公元前 1069 年—公元前 664 年

第三中间期（第二十一王朝到第二十五王朝）

- 埃及分裂为两部分：北方的塔尼斯为政治权力中心，南方的底比斯为宗教权力中心（第二十一王朝和第二十二王朝）
- 三角洲地区的四分五裂和地方割据的再次出现（第二十三王朝和第二十四王朝）
- 努比亚人在埃及的统治；同亚述权势集团的斗争（第二十五王朝）

文化成就：

- 登峰造极的冶金艺术
- 沙巴卡巨石

公元前 664 年—公元前 404/401 年

古埃及后期（第二十五王朝到第二十七王朝）

- 国家再次统一于塞易斯王朝
- 加强了同希腊的贸易往来和关系
- 埃及第一座希腊殖民城市瑙克拉提斯城的建立
- 波斯帝国第一次统治（第二十七王朝）

文化成就：

- 随着贸易的发展钱币进入埃及

公元前 332 年

古埃及后期（第二十八王朝到第三十王朝和波斯的第二次统治）

- 埃及摆脱波斯统治约 60 年
- 加强了同希腊人的联系以抗击共同的敌人：波斯
- 波斯对埃及的再次统治

文化成就：

- 丹德拉的玛米西庙

近东和美索不达米亚

公元前 1000 年—公元前 600 年

腓尼基人：

- 成为地中海海上第一大霸主
- 建立了迦太基城（Carthage）

亚述人：

- 辛那赫里布摧毁了巴比伦，征服了整个西亚
- 征服埃及，建立新亚述帝国
- 巴比伦人和米底人洗劫尼尼微和尼姆鲁德（Nimroud）后，新亚述帝国衰亡

文化成就：

- 腓尼基字母的传播

公元前 600 年—公元前 400 年

米底人：

- 控制了近东大部分地区，即便其统治是昙花一现

新巴比伦人：

- 成功统治了整个美索不达米亚
- 摧毁圣城耶路撒冷，迫使犹太人逃亡巴勒斯坦

波斯人：

- 波斯帝国开始扩张
- 波斯人和希腊人之间的对抗：希波战争

公元前 400 年—公元前 330 年

迦太基人（Carthaginois）：

- 迦太基统治整个西地中海

波斯人：

- 亚历山大大帝在高加米拉战役中（la bataille de Gaugamèles）打败波斯帝国

希腊、罗马和其他文明

公元前 1000 年—公元前 600 年

欧洲：

- 伊特鲁里亚人（les Étrusques）现身意大利
- 希腊城邦开始在地中海建立殖民地
- 古希腊出现首批奥林匹克竞技活动
- 罗马建立

亚洲：

- 朝鲜（la Corée）出现稻田和青铜冶炼
- 雅利安人（les Aryens）在印度南部扩张
- 中国开始冶炼铁器

公元前 600 年—公元前 400 年

欧洲：

- 希腊统治扩展到地中海地区
- 罗马人建立共和国
- 欧洲中西部的拉坦诺（la Tène）[90]凯尔特时期

亚洲：

- 印度（Inde）实施种姓制度

美洲：

- 秘鲁（Pérou）的帕拉卡斯文化（la civilisation de Paracas）开始
- 中美洲奥尔梅克文明（la civilisa-tionde olmèque）晚期
- 中美洲萨波特克象形文字（Ecriture hiéroglyphique zapotèque）

公元前 400 年—公元前 330 年

欧洲：

- 希腊斯巴达的霸权
- 罗马入侵前西班牙各民族的融合
- 凯尔特人（les Celtes）定居意大利北部并洗劫罗马
- 李其尼·塞斯蒂亚法（les lois licinio-sextiennes）颁布，平民得以有权出任罗马执政官
- 腓力二世马其顿帝国统治的扩张
- 亚历山大大帝迫使希腊承认马其顿政权

亚洲：

- 朝鲜开始使用铁器劳作
- 中国开始用弩作为兵器

---

[90] la Tène 法语意为“浅滩”。它是瑞士纳沙泰尔湖东端的考古遗址，其名称已被用来概括欧洲凯尔特人铁器时代晚期的文化。——译者注

公元前 332 年—公元前 310 年

托勒密时期（马其顿王朝）

- 亚历山大大帝在埃及战胜了波斯人
- 亚历山大在孟菲斯的普塔神庙加冕为法老
- 建造亚历山大港
- 亚历山大大帝薨逝
- 关于马其顿帝国的未来，维护帝国统一者和支持帝国分裂者之间的冲突开始

公元前 305 年—公元前 30 年

托勒密时期（托勒密王朝）

- 同马其顿和塞琉古帝国连年征战
- 王室成员之间的阴谋诡计层出不穷
- 定都亚历山大港
- 罗马在埃及的胜利

文化成就：

- 亚历山大图书馆和博物馆
- 埃及艺术的希腊化
- 罗塞塔石碑
- 埃德富神庙、菲莱神庙、丹德拉神庙和考姆翁布神庙

公元前 330 年—公元前 200 年

- 亚历山大大帝攻占了波斯、叙利亚、伊朗东部，建立了一个全新的疆域辽阔的帝国
- 亚历山大大帝薨逝，帝国分崩离析

塞琉古帝国：

- 塞琉古一世建立了塞琉古帝国

帕提亚人 （Parthes）：

- 阿萨西斯一世（Arsace Ier）从塞琉古帝国中夺取了帕提亚

文化成就：

- 第一个连续确定的历史年代体系塞琉古时代开启

公元前 200 年—公元前 30 年

塞琉古帝国：

- 号称大帝的安条克三世在同罗马人对战的马格尼西亚战役（la bataille de Magnésie）中溃败
- 庞培大帝占领了叙利亚，标志塞琉古帝国的倾覆

帕提亚人：

- 米特里达梯一世（Mithridate Ier）巩固了安息帝国（Empire Pathe，也译为帕提亚帝国）的基础，帝国经历了最快速扩张的时期
- 卡莱战役（la Bataille de Carrhes）：帕提亚人击退了罗马人的入侵

公元前 330 年—公元前 200 年

欧洲：

- 古希腊希腊化时代的君主制
- 罗马和迦太基之间的第一次、第二次布匿战争
- 凯尔特人建立了第一座城池

亚洲：

- 印度孔雀王朝（Empire Maurya）
- 秦始皇成为中国第一个皇帝
- 中国开始修建万里长城
- 秦亡汉兴

美洲：

- 中美洲玛雅古典时期开启
- 秘鲁出现莫切文化（la culture de Moche）和纳斯卡文化（la culture de Nazca）

公元前 200 年—公元前 100 年

欧洲：

- 罗马征服了马其顿和希腊
- 罗马在第三次布匿战争中摧毁了迦太基城，并建立了非洲行省

亚洲：

- 印度孔雀王朝结束
- 刘邦建立的汉朝定都长安

美洲：

- 秘鲁纳斯卡线的创造

公元前 100 年—公元前 30 年

欧洲：

- 凯尔特人的防御城堡
- 罗马授予所有的意大利人公民资格
- 庞培和恺撒对抗，内战爆发，后者是胜利者
- 恺撒占领高卢（Gaule）

亚洲：

- 草原游牧民族征服了犍陀罗国（Gandhâra，即印度）
- 匈奴联盟解体

美洲：

- 北美阿德纳文化（la culture Adena）发展到顶峰

王朝年表

第三中间期　　公元前1069年—公元前664年

第二十一王朝　　公元前1069年—公元前945年

斯门德斯一世·赫杰凯帕拉·赛特普拉
（Smendès Ier Hedjkheperrê Setepenrê）
公元前1069年—公元前1043年
阿蒙涅姆尼苏·尼斐卡拉　公元前1043年—公元前1039年
普苏森尼斯一世·阿赫普瑞·赛特普纳蒙
（Psousennès Ier Âakheperrê Setepenamon）
公元前1039年—公元前991年
阿蒙尼莫普·欧赛尔马特雷·赛特普梅瑞阿蒙
（Aménémopé Ousermâatrê Setepenmériamon）
公元前993年—公元前984年
长者奥索尔孔·阿赫普瑞·塞特普拉
公元前984年—公元前978年
西阿蒙·奈特杰凯帕拉·赛特普纳蒙
（Siamon Netjerkheperrê Setepenamon）
公元前978年—公元前959年
普苏森尼斯二世·提凯普鲁拉·赛特普拉
（Psousennès Ⅱ Titkheperourê Setepenrê）
公元前959年—公元前945年

第二十二王朝　　公元前945年—公元前715年

舍尚克一世·赫杰凯帕拉　公元前945年—公元前924年
奥索尔孔一世·塞赫姆赫普瑞
公元前924年—公元前889年
舍尚克二世·赫卡赫佩雷　公元前890年
塔克罗特一世　公元前889年—公元前874年
奥索尔孔二世·欧赛尔马特雷
公元前874年—公元前850年
塔克罗特二世·赫杰凯帕拉
公元前850年—公元前825年
舍尚克三世·欧赛尔马特雷
公元前825年—公元前773年
皮迈王·欧赛尔马特雷　公元前773年—公元前767年
舍尚克五世·阿赫普瑞　公元前767年—公元前730年
奥索尔孔四世·阿赫普瑞　公元前730年—公元前715年

第二十三王朝　　公元前818年—公元前715年

多个权力中心并存，同第二十二王朝末年、第二十四和第二十五王朝处于同一时期；尤其是以下国王：

帕杜巴特斯一世·欧塞尔马特雷
尤普特一世
舍尚克四世
奥索尔孔三世·欧塞尔马特雷
塔克罗特三世·欧塞尔马特雷
鲁达蒙·欧塞尔马特雷
帕夫乔阿维巴斯泰特
尤普特二世·欧塞尔马特雷

第二十四王朝　　公元前727年—公元前715年

泰夫那克特　公元前727年—？年
博肯雷内夫（即博克霍里斯）
公元前720年—公元前715年

第二十五王朝　　公元前747年—公元前656年

皮耶·蒙赫普里　公元前747年—公元前716年
沙巴卡（沙巴卡·尼斐卡拉）
公元前716年—公元前702年
沙巴塔卡·杰德卡乌瑞　公元前702年—公元前690年
塔哈尔卡(克胡尼斐图姆拉Khouinéfertoumrê)
公元前690年—公元前664年
塔努塔蒙(塔努塔蒙·巴卡拉Tanoutamon Bakarê)
公元前 664年—公元前656年

古埃及后期　　公元前664年—公元前332年

第二十六王朝　　公元前 664年—公元前525年

尼科一世·蒙赫普里　公元前672年—公元前664年
普萨美提克一世·乌阿赫伊卜拉（Ouahibrê）
公元前664年—公元前610年
尼科二世·乌阿赫姆伊卜拉（Ouahemibrê）
公元前610年—公元前595年
普萨美提克二世·尼斐伊卜拉（Neferibrê）
公元前 595年—公元前589年
阿普里伊·赫阿伊卜拉·乌阿赫伊卜拉
（Apriès Hââhibrê Ouâhibrê）
公元前589年—公元前570年

阿玛希斯二世•克赫纳姆伊卜拉（Amasis II Khnemibrê）
公元前570年—公元前526年
普萨美提克三世•安赫卡恩拉（Ânkhkaenrê）
公元前526年—公元前525年

第二十七王朝（波斯帝国第一次统治）
公元前525年—公元前404年

冈比西斯	公元前525年—公元前522年
大流士一世	公元前 522年—公元前486年
薛西斯一世	公元前486年—公元前465年
阿尔塔薛西斯一世	公元前465年—公元前424年
薛西斯二世	公元前424年—公元前423年
大流士二世	公元前423年—公元前405年
阿尔塔薛西斯二世	公元前405年—公元前404/401年 (在波斯统治至公元前359年)

第二十八王朝　公元前404年—公元前399年

阿尔米塔尼乌斯　公元前404年—公元前399年

第二十九王朝　公元前399年—公元前380年

尼斐利提斯一世•内法阿鲁德（Néphéritès Ier Néfaaroud）
公元前399年—公元前393年

哈科尔	公元前392年—公元前380年
尼斐利提斯二世	公元前380年

第三十王朝　公元前380年—公元前343年

内克塔内布一世•克赫普卡拉	公元前380年—公元前362年
塔科斯	公元前362年—公元前360年
内克塔内布二世	公元前360年—公元前343年

波斯的第二次统治　公元前343年—公元前332年

阿尔塔薛西斯三世•奥齐斯	公元前343年—公元前338年
阿尔塞斯	公元前338年—公元前336年
大流士三世•科多曼	公元前336年—公元前332年

托勒密时期　公元前332年—公元前30年

马其顿王朝　公元前332年—公元前305年

亚历山大大帝	公元前332年—公元前323年
腓力二世•亚黑大由斯	公元前323年—公元前317年
亚历山大四世	公元前 317年—公元前310年

托勒密王朝

救星托勒密一世	公元前305年—公元前285年
笃爱妹妹的托勒密二世	公元前285年—公元前246年
托勒密三世施惠者一世	公元前246年—公元前221年
托勒密四世•菲洛帕托	公元前221年—公元前205年
托勒密五世•伊皮法尼斯	公元前 205年—公元前180年
笃爱母亲的托勒密六世	公元前180年—公元前145年
托勒密七世•尼奥斯•尤帕托	公元前 145年
托勒密八世施惠者二世	公元前 170年—公元前116年
托勒密九世救星二世	公元前116年—公元前107年
托勒密十世亚历山大一世	公元前107年—公元前88年
托勒密九世救主二世（复位）	公元前88年—公元前80年
托勒密十一世亚历山大二世	公元前80年
托勒密十二世•尼奥斯•迪奥尼斯奥斯	公元前80年—公元前51年
克利奥帕特拉七世•菲洛帕托	公元前51年—公元前30年
托勒密十三世•迪奥尼斯奥斯二世	公元前51年—公元前47年
托勒密十四世•菲洛帕托	公元前47年—公元前44年
托勒密十五世•恺撒里昂	公元前44年—公元前30年

注：埃及人不会从一个固定的时间点开始计算日期，而是把统治者执政之初作为计算日期的起点。因此，要想有一个准确的古埃及年表，我们就需要知道法老历史三千年中所有统治者的在位年限和确切的统治顺序。如果说政治统一时期人们构建年表都困难的话，那么多个政权鼎立的动荡时期，要完成该任务就更加艰难了。事实上，整个古埃及的朝代览表都不怎么准确，新王国时期之后的朝代览表更是如此。关于可供参考的书册，我们建议读者查阅伊恩•肖（Ian Shaw）的著作——《古埃及的历史》。

图书在版编目（CIP）数据

古埃及的终结 / 美国国家地理学会编著 ;李青芝译. -- 北京 : 现代出版社, 2022.1
（美国国家地理全球史）
ISBN 978-7-5143-9627-0

Ⅰ. ①古… Ⅱ. ①美… ②李… Ⅲ. ①埃及 - 古代史 Ⅳ. ①K411.2

中国版本图书馆CIP数据核字(2021)第238959号

版权登记号：01-2021-6985

由北京久久梦城文化发展有限公司代理引进

古埃及的终结（美国国家地理全球史）

编 著 者：美国国家地理学会
译　　者：李青芝
策划编辑：吴良柱
责任编辑：张　霆　邓　翊
内文排版：北京锦创佳业文化传播有限公司
出版发行：现代出版社
通信地址：北京市安定门外安华里504 号
邮政编码：100011
电　　话：010-64267325　64245264（兼传真）
网　　址：www.1980xd.com
电子邮箱：xiandai@vip.sina.com
印　　刷：北京瑞禾彩色印刷有限公司

开　　本：710mm*1000mm 1/16
印　　张：14.5　　字　　数：210千
版　　次：2022年1月第1版　　印　　次：2022年1月第1次印刷
书　　号：ISBN 978-7-5143-9627-0
定　　价：76.00元